ドラッカーが教えてくれる
人を活かす経営
7つの原則

DRUCKER'S
Seven Principles

村瀬 弘介 著

産業能率大学出版部

本書は「リーダーシップ確立」のための書籍である。

ドラッカーが教えてくれる「7つの原則」を、新たな時代に挑戦し、人間を正しい方向に導き、人間の魂を向上させんと努める、すべての経営リーダーの勇気に捧げる。

これからの時代は、すべての人が「真」のリーダーになる。

本書が、真摯なリーダーの未来を照らすことを願う。


リーダーシップとは崇高な「責任」である。

それは働く人の人間性を尊び、活(い)かし、組織の成果を上げる。

働く人の魂からの成長に貢献し、社会の誇りある一員とする。

誇りある組織を築き、メンバーを鼓舞し、視座を高め、限界を超えさせ、価値あることを成し遂げさせる責任である。


ドラッカー理論で社長の経営判断軸を卓越させ、組織メンバーの持つパワーを爆発させ、業界ナンバーワン企業を生み出す〝熱血コンサルタント〟

村瀬弘介

ドラッカーが教えてくれる
人を活かす経営７つの原則

【原則①】 顧客志向の会社：マーケティングカンパニーの原則

顧客を理解し、市場で選ばれる会社
⇒顧客に熱烈に支持され、市場で勝てる会社になる。

【原則②】 変革を続ける会社：イノベーションカンパニーの原則

変転する顧客・市場に合わせ進化・変革し続ける会社
⇒新商品・サービス開発・チャレンジができる組織になる。

【原則③】 生産性の高い会社：プロダクティブカンパニーの原則

生産性の高い、成果志向の会社
⇒生産性が圧倒的に高い組織になる。

【原則④】 学習・成長する会社：ラーニングカンパニーの原則

自律的に学習し、組織として成長していく会社
⇒自律的に学び、成長する組織になる。

【原則⑤】リーダーシップ確立：リーダーシップカンパニーの原則

高い目標を掲げ、チームで挑戦し成果を上げる会社
⇒誇りある起業家精神を有するリーダーを育成する会社になる。

【原則⑥】使命・立命する会社：ミッショナリーカンパニーの原則

使命を確立し、魂から、真のビジネスが遂行できる会社
⇒使命感に結ばれた、揺るがない組織になる。

【原則⑦】 働く人を活かす会社：マネジメントカンパニーの原則

働く人が仕事を通じて社会に貢献し、最高の自己実現をできる会社
⇒人が活かされ、社会に貢献できる幸せな会社になる。

究極の目的：人間（個）が幸せになる
自由で平和な社会を実現する

⑦マネジメント 人間中心【人（個）の尊厳を最重視】
働く人が仕事を通じ社会貢献し最高の自己実現ができる

⑥ミショナリー使命・立命
人生の使命が確立する・覚悟が決まる・克己する

①マーケティング（顧客志向）
顧客が幸せになる

②イノベーション（変革志向）
変化を恐れない・未来へ挑戦する

③プロダクティブ（成果志向）
全社員の成果が上がり幸せになる

④ラーニング（学習する組織）
人が成長し幸せになる

⑤リーダーシップ（リーダーの確立）
メンバーが強いリーダーシップを
発揮し挑戦し続ける

7つの原則はすべて、人を活かす会社を実現する、マネジメントカンパニー（人間中心の経営＝人の尊厳を最重視する経営）を実現するためにあります。

ドラッカーが教えてくれる『人を活かす経営・7つの原則』 目次

序章 ドラッカーとの出会い……1

原則1 顧客志向の原則……17

顧客志向で機会を創出せよ／市場の変化をつかみ、変革の担い手になれ

マーケティングカンパニー

マーケティングカンパニーを実現する……18

原則4 学習する組織の原則……151

原則5　リーダー確立の原則……173

起業家精神に満ちた挑戦的な会社／自己とメンバーの誇りを確立する
リーダーシップカンパニー

最終奥義：立命・克己・行動の章

あなたの真のリーダーシップに火をつける

［序章］

ドラッカーとの出会い

ドラッカーを読んだら涙が止まらない。狂ったのか？　私

ドラッカーを通じて経営における「人間の尊厳」の重要性を全国に訴えたい。ドラッカーは、あなたのビジネスの本質にエンジンを入れ、リーダーとしての使命に目覚めさせてくれる。つまり「立命」させてくれるのだ。

ドラッカーの理論は、経営知識のみならず、人間学のことを教えてくれる。

私の人生はドラッカーを通じ変わった。一介のビジネスマンにすぎなかった人間がコンサルタントとして講演をし、多くの人に熱狂的な拍手をいただき、「感動しました」という多数のアンケートや色紙までいただき、講演中に「魂から感動した」と涙されることが幾度もあった。

私はドラッカーのおかげで立命し、軸のある経営リーダーとして、今、この瞬間を生きている。これは奇跡だと思っている。だから語らなくてはならないのだ。これは単なるビジネスではなく、天命であり、使命である。

私は確信している。多くのドラッカー研究者・コンサルタントがいるが、私は分かってしまったのだ、ドラッカーの本当に言いたいこと、ドラッカーの本質が……。

論理でなく感動で、商売のみでなく人生で、経営の技術（枝葉）のみではなく原則（本質）から、ドラッカーの経営を起動させる時が来たのだ。

とにかくドラッカーについて語らなければならない。すべてのリーダーにドラッカーを伝えなければならないと、強く感じている。

ドラッカー・20世紀最大の知恵者・マネジメントの父と呼ばれた男

ドラッカーの本質は、経営の中心に、なによりもまず、人間の尊厳（人・個の幸せ）を据えるということだ。人間が幸せになることを至上の目的とすることである。

ドラッカーを理解するために、まずドラッカー自身の身になって考えてもらいたい。それが私のやりかただ。

ドラッカーは１９００代年初頭に生まれ、裕福なオーストリア官僚の家で育った。彼の父は貿易省のエリート高官で定期的に知的なサロンを開き、フロイトやシュンペーターとも交流があったという。幼いドラッカー少年は知的刺激の中で存分に才能を発芽させたのだろう。

しかし、ドラッカーの幸せは長くは続かない。第一次世界大戦では祖国オーストリア・ハンガリー帝国は解体され、自己のルーツを失い、その後渡ったヨーロッパではナチスによるホロコーストを目の当たりにする。

ここで大切なことが1つある、ドラッカーはユダヤ系だったということだ。

考えてもらいたい。ユダヤ系のドラッカーにとってこのホロコーストの衝撃はいかなるものだったろうか？　例えば、民族の痛みとして、日本の広島、長崎の原爆と同じようなものではなかっただろうか？　日本への原爆投下では約30万人が犠牲になったといわれるが、その10倍の３００万人もの犠牲をだしたホロコーストはドラッカーに大きなトラウマを残したと、私は考えるのである。

ドラッカーはいつも考えていた。どうすれば人間は幸せに生きられるのだろう？　何をすれば世界が、社会が平和に向けて拓かれるのだろうか？

その答えを探したドラッカーは、人間を脅かす戦争、そして戦争を起こす専制君主制と戦うことを決意する。武力でなく、マネジメントという思想で……。

戦争の原因は何か、それは現代の社会を見れば明らかだ。

なぜヨーロッパでは戦争が起きず、中東やアフリカで戦争がおきているのか？　なぜ中国、日本、韓国も関係が良いとはいえないにもかかわらず、戦争にはならないのか？　戦争の直接の原因は何か？　ドラッカーは徹底的に考えたと思うのだ。

それは経済の失敗だ！　経済がうまくいけば、戦争は起きない。ホロコーストも起きない。自分の仲間がもう300万人も死ぬことはないのだ。

では経済がうまくいくにはどうすればいいか？　経済の最小構成単位の企業がうまくいけばいいのだ。人が組織を活性化させ、働く人々が活きる世界になれば、もうホロコーストは起きない。もう仲間は死なない。そう思ったことだろう。

ドラッカーは経営に高い成果を上げるマネジメント思想を打ち立てることを決意し、執筆した。

彼のマネジメント思想のエッセンスをたった1つ取り上げるとすれば、それは「組織は働く人(個)を活かしなさい」ということだ。

ドラッカーもその著書の中で「マネジメントとは人にかかわること」とはっきりと指摘している。

参考：P・F・ドラッカー『経営の哲学』編訳：上田惇生　ダイヤモンド社　18ページ　2003年8月18日　第2刷

これは、私の魂にはこう響く。「マネジメント（経営）とは人の尊厳（生きる意義・本当の幸せ）を実現することである」と。ホロコーストを見た、ユダヤ系のドラッカーが一番大切にしたものは、人の尊厳（人間の尊い命・生きる意義）であったはずだ。

ドラッカーは単なるコンサルタントではない、人を心から活かそうとした真のリーダーなのだ。経済・経営の中で、「人間の尊厳」をいかに実現していくかを考え抜いた勇者なのだ。だからこそ、彼は20世紀最大の賢人なのだ。

その証拠にドラッカーは以下のように訴えている。

「経営は、人間の尊厳を実現するための道具にすぎない、組織の目的は、人間を単なる経済の歯車にすることではなく、人間のエネルギーを開放し、自己実現をさせることだ。経営のすべてを人間の尊厳（幸せ）を中心に考えよ！」

参考：『P・F・ドラッカー——理想企業を求めて』エリザベス・H・イーダスハイム　ダイヤモンド社　P・159ページ　2007年6月21日　第2刷

私はこれを読んだ時、ドラッカーの真意を悟ったのだ。

「人を幸せにせよ！　それこそがビジネスの真実である」と、彼の魂の声が聞こえてきて、熱い涙が自分の頬を伝うのを感じた。

人間が幸せになる経営、そして人が活かされる組織社会、高い業績を上げる真摯な企（起）業家によって守られる自由で平和な民主主義社会、それこそがドラッカーのマネジメントの真髄である。もしドラッカーがピアノを弾けたら、ジョンレノンのようにイマジンを作曲していたと私は考える。マネジメントはドラッカーにとってのイマジンなのだ！

これを伝えなければいけない。ドラッカーの魂を現代社会に伝えなければ。ドラッカーの息吹を、言霊を世界に伝えなければならない。

世界が孤立化に向かいつつあるこの時代に、このマネジメント思想で世界に調和をもたらさなくては、また大きな戦争が起こる。現代こそドラッカーに学ばなくてはならない。ドラッカーの魂を伝えなくてはならない。そう悟ったのだ。

それが私のドラッカーとの出会いであり、ドラッカーにインスピレーションを受けた「人を活かす経営・7つの原則」によるコンサルティングのスタートだった。

私は、マネジメント専門（マーケティング・イノベーション・リーダーシップ）のコンサルタントであり、また音楽家である。また、日本精神（神道・仏教・儒教）・スピリットの感性世界を愛する人間である。人間は、論理だけでは幸せにはなれない。目に見える世界に、心で感じる世界（アート・感性・精神的な世界）を統合し、魂から目覚めて本当に幸せになれると私は考える。

本書ではドラッカーに学び、私の独自の経験（アート・感性世界の着想）から生まれた、「人を活かす経営・7つの原則」を通じて、経営リーダーのみなさんに、自己と企業の使命に目覚めてもらうこと、「立命」を目的としている。

人が幸せになる、すなわち人間中心の経営とは、組織が働く人の「尊厳」を守り、仕事を通じてメンバーの魂を目覚めさせ、成長に導き、社会の中で最高の自己実現をさせることだ。結果として組織は高い成果を上げ、幸せで自由な民主主義社会を実現する。

本書は、マネジメントの真の意味を理解することから始め、マーケティング・イノベーションを理解し、現代の自由社会の真のリーダーとしての経営者のリーダーシップを確立（立命）してもらうことを目指す。

自分の会社のマネジメントスイッチを入れて起動する。その瞬間、昨日までの組織と全く違った組織、未来が目の前に出現する。それがマネジメントである！

リーダーの魂に火をつけ、組織に火を入れる。それがマネジメントなのである。

では経営とは何か？　それは人間が幸せになるすべてである。人の尊厳を実現するものである。

経営で成果を上げるとは何か？　それは人間が幸せになることである。

ドラッカーの究極の目的は世界平和である。

人が活かされ、企業が高い成果を上げることで、戦争を防ぎ、自由で平和な民主主義社会を守ることができる。本書の7つの原則を活かすことで、平和な世界を守る真のリーダーになって頂くことを心から願ってやまない。

※本書の7つの原則は、すべて私が長年にわたるコンサルティングの現場で実践し、成果を実証してきたものであり、研究室・机上の空論・学術論ではなく、経営実践論（実学）です。

学問の中心は「人間」にある ――ドラッカーと論語の共通点

ドラッカーは「マネジメントとは人にかかわることである」と言っています。私はこれを人（個）の尊厳のことであると解釈しています。ドラッカーの関心は常に「社会の中で人はどのようにしたら幸せになれるのだろうか？」ということにありました。

利益を上げるという視点のみではマネジメントの本質は見えません。組織社会において、人が心から生き生きと働けるかどうか？　組織の中で人が幸せになれるのか？　を問いかける本質的な人間学がマネジメントなのです。

あらゆる学問が中心に考えるべきものは「人」であり、人の尊厳であり、人の幸せであるべきだ、というドラッカーの言葉が魂に響きます。ドラッカーのマネジメントの原点にあるのは人の幸せであり、組織で働く人を幸せにできるか、社会をより良いものにできるかが経営リーダーに厳しく問われているのです。

論語の言葉に

「人、道を弘（ひろ）む。」
「道、人を弘（ひろ）むるにあらず。」

という言葉があります。

これを訳すと次のような言葉になるでしょうか。

人が道を開いていくのであって、道（学問）が人の上に立っているのではない……。人があくまでも中心である。

政治・思想・経営のために人がないがしろにされることがあってはならない、それらのものはあくまで人が幸せになるための道具にすぎない、主客転倒してはならない、と伝えているのです。これと全く同じことがドラッカー哲学からも読みとれます。非常に感慨深い言葉です。感動すら覚えます。

ドラッカーのマネジメントにインスピレーションを受けた私の「人を活かす経営・7つの原則」でお伝えしたいのも、このことです。

論語とドラッカーマネジメントの共通点は、本質的に「人間の幸せ」が中心にある「学問」だということである。
マネジメントも論語同様、2000年残る学問である。

経営の本質（環境への順応ではなく、新たな顧客価値を創る）

経営の目的は環境に順応（屈服）することではありません。環境変化を機会として新たな価値創造に挑戦する姿勢にこそ、経営の本質があります。

経営の目的は、顧客（ファン）を創り続けていくことです。顧客を創造して、はじめて事業を成立させることができます。顧客創造とは、新しい顧客を継続して生み増やし続けていくということです。大切なのは「既存顧客の維持のみではない」ということです。

ドラッカーもその著書の中で、「企業の目的の定義は1つしかなく、それは顧客を創造することである」と断言しています。

参考：P・F・ドラッカー『経営の哲学』編訳：上田惇生　ダイヤモンド社　18ページ　2003年8月18日第2刷

環境順応の経営と顧客創造の経営

経営には2つあります。環境順応の経営と顧客創造の経営です。

環境順応の経営とは、景気に連動して業績も上がり下がりすることを言います。この場合「不景気の時代では売上げが下がるのは仕方ないことだ」と考えます。

一方、顧客創造の経営とは、景気に踊らされず、顧客を創造し続ける経営です。不況環境にも敢然と立ち向かいます。

近年、山ガールが大流行しました。ファッショナブルなウェアに身を包み、山登りを楽しむ女性たちです。私は、京王線沿いに住んでいたのですが、週末になると高尾山に登る女性で電車内はごった返し、麓は繁華街のように混み、リフトが90分待ちになる勢いです。6、7年前まではこのような光景はありませんでした。山ガールは女性向けのファッショナブルなウェアを提供したアパレルメーカーと、トイレ環境などを整えた山側により、新たに創造された顧客なのです。ビジネスが新たな顧客を創造したのです。

顧客創造の経営は、創造性に富み、機会志向です。景気にとらわれず、市場の常識を覆し、新しい顧客を創造します。事業に創造性と勇気を与え、未来へ挑戦させる経営、それが顧客創造の経営です。

現在、あなたの会社の事業は右肩上がりですか?

最近は回復の兆しも見られますが、この20年間、日本のほとんどの市場が、停滞期・衰退期に入っている状況でした。このような時代において、環境順応の経営では市場に翻弄され、経営も勇気を失います。市場が停滞している時期こそ、顧客創造の経営に最大の意義があります。

セミナーに参加いただいた社長から、深く印象に残っている言葉を聞きました。

「祖父から受け継いだ事業は衰退事業です。ここ数年は売上げの維持がやっとで、成長も見込めません。そんな中、暗中模索で経営をしている状況でした。しかし顧客創造の経営のコンセプトを聞き、起業家としての使命に目覚めました。ドラッカーを知った今、心からこの事業で社会に貢献したいと思っております。顧客創造の経営は、新たに挑戦する勇気をくれました」

ドラッカーも、「経済的な成果については、そのときの景気の具合によってもたらされるのではなく、人によって実現されるものだ」と、起業家の挑戦的姿勢の重要性を強調しています。

参考:P・F・ドラッカー『創造する経営者』訳:上田惇生 ダイヤモンド社 301ページ 2011年 第6刷

顧客創造

顧客を創造する時には、まず非顧客（自社を利用してもおかしくないのに、まだ利用していない顧客）に注目します。前例の山ガールは非顧客です。山に行きたいと思う女性は多くいたのですが、お洒落(しゃれ)なウェアがない、トイレ環境が悪いといった状況があり、登山をできずにいたのです。非顧客が顧客化したときに、ブレイクスルーが起きます。

市場は飽和することなどありません。飽和するのは、経営者の頭の中だけです。常識を疑い、市場に挑戦すれば、打ち手は無限です。顧客創造の経営で、ブレイクスルーを起こすのです。

ポイント

経営の本質は、顧客の維持ではなく、顧客創造である。

環境順応の経営と顧客創造の経営

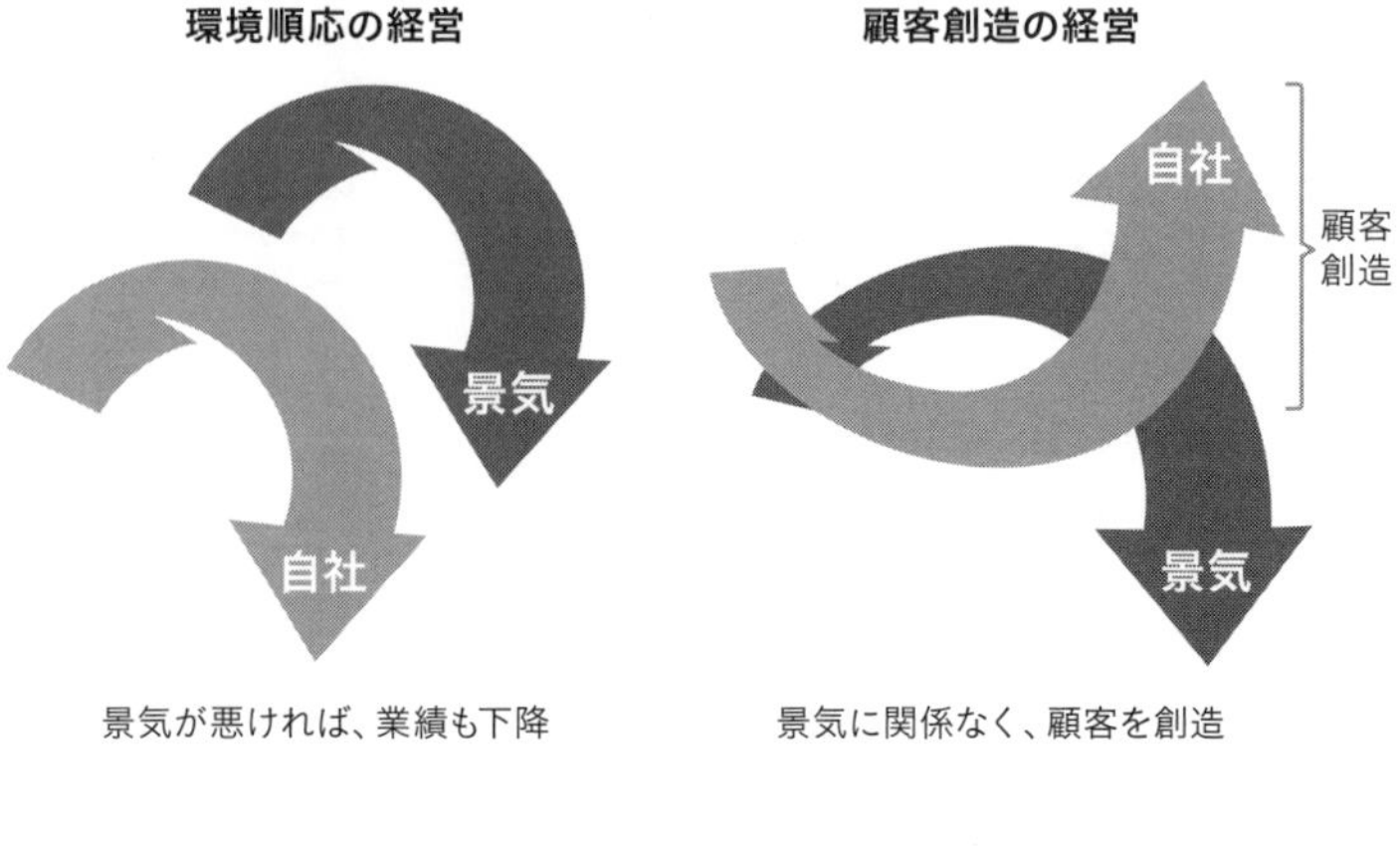

リーダーの本質（パワーではなく、責任である）

リーダーシップとは、リーダーが果たすべき組織に対する2つの責任のことです。その2つとは以下のとおりです。

①組織に使命を確立し、高い成果を上げさせること

②働く仲間を活かし、魂を輝かせ、誇りあるものの一員とすること

人が活かされる、経営におけるリーダーシップとは、ビジョナリー（未来志向）であり、使命感を持って社会へ献身する、崇高なものです。

近年では、世界の貧しい人のために生涯を尽くしたマザー・テレサの姿に、理想のリーダー像（使命・献身）を垣間見ることができます。

リーダーシップは権力であり、人を管理・支配するパワーであるという古い考え方は間違っています。前時代的な考え方では、現代組織において、働く人を活かし、幸せにすることは不可能です。

そして、マネジメントの父・ドラッカーの言葉を待つまでもなく、リーダーの持つべき絶対条件は、人間として真摯（誠実）であることです。

参考：P・F・ドラッカー『エッセンシャル版　マネジメント』編訳：上田惇生　ダイヤモンド社　130ページ　2013年　第51刷

リーダーは組織の使命の遂行と人を活かすという責任を負い、真摯な人格である必要があります。

リーダーシップとは、あなたに突き付けられた、尊く厳しい試練です。あなた自身の存在、「人としての在り方」、そのものなのです。

本書では、リーダーシップを7つのカンパニーの視点から定義し、人が幸せになる経営を実践するアイデアを解説していきます。

リーダーは、働く仲間に、仕事を通じて最高の自己実現をさせる（生きている意義、魂の本当の目的に気づき、本当の使命に目覚めた人生を送ってもらう）責任があります。

そのためには、①教育者として組織に学習させ、メンバーの人間的成長を実現し、②顧客志向で社会の要求に応え、③未来へ向けたイノベーションを行い、④社会に貢献するために、高い成果を上げ続けなくてはいけません。そして、⑤働く仲間に、果たすべき使命に開眼してもらい、魂に火をつけ、人生を完全燃焼してもらえるよう、パワーを解き放つ必要があるのです。

成果を上げ、人（個）の尊厳も重視される、人間中心経営の実現ステップ

世界大戦やホロコーストを目の当たりにしたドラッカーはマネジメント（人の尊厳が活かされる経営）というコンセプトを発明しました。

本書では、ドラッカーのマネジメント思想にインスピレーションを受け、著者独自の感性・アート・精神世界のエッセンスを融合し、「人を活かす経営・7つの原則」というアイデアへ結晶化させました。

マネジメント思想の根底にあるように、現代リーダーが率いる企業こそが、経済を発展させることで、戦争を防ぎ、人間が幸せになる、自由な民主主義社会を創造できます。歴史上の戦争は、すべて経済破綻から起きたと言っても過言ではありません。

経済の失敗は、胡散臭い独裁主義を生み、国民は主権を奪われ、専制によって、人の尊厳は砕かれます（ヒトラー、スターリン、ポルポト、旧日本軍による戦争）。

そして、経済の語源は経世済民、「世を經め、民を濟う」という意味です。

リーダーには、人が幸せになる、人間中心の社会を実現する義務があります。

あなたが、人類を幸せに導く、ビジョンを持ったリーダーになれるのです。

人の尊厳を活かすという崇高な責任を強く心に受け止め、人間中心の経営を実践して下さい。

あなたの存在こそが、人を幸せにできる、リーダーシップ（人間の在り方）そのものなのです。

ポイント

リーダーシップとは責任である。組織を通じて、幸せな社会を創る責任である。

リーダーの2つの責任

(1)リーダーは働く人を活かす責任がある。

(2)リーダーは組織に成果を上げさせる責任がある。

働く人を活かし、圧倒的成果を上げる
人間中心経営の実現ステップ

前提 経営の本質・リーダーの本質を理解する

1 マーケティングカンパニーの実現
⇒顧客への提供価値の最大化・市場に選ばれ、勝てる会社へ

2 イノベーションカンパニーの実現
⇒新事業の機会追求・変革・進化する組織へ

3 プロダクティブカンパニーの実現
⇒生産性の最大化・成果志向の組織へ

4 ラーニングカンパニーの実現【学習する組織の風土醸成】
⇒メンバーが自律的に学習し、成長する組織へ

5 リーダーシップカンパニーの実現【組織のリーダーシップ育成】
⇒リーダーシップの確立・ビジョナリー・チェンジ・起業家リーダーへの進化

6 ミッショナリーカンパニーの実現
【立命する組織・メンバーのコミットメント】
⇒生きがいのある仕事へ、使命感を持つ真のリーダーへの成長

7 マネジメントカンパニーの実現
【人が幸せになる組織（究極の目的）】
⇒人（個）が活かされ、最高の自己実現と社会貢献ができ、幸せになる会社

［原則］1 顧客志向の原則

顧客志向で機会を創出せよ
市場の変化をつかみ、
変革の担い手になれ

マーケティングカンパニー

■マーケティングとは事業のすべてを、
顧客視点で見直すことである。

■市場の変化の中に、事業機会を見いだし、
徹底的に追求する。

■顧客の関心に関心を寄せ、
顧客視点で自社の価値を上げる。

マーケティングカンパニーを実現する

経営の最重要事項・マーケティング（顧客第一）＝顧客志向

徹底的な顧客志向であれ、市場の変化を機会とせよ！

マーケティング（顧客第一）こそ、経営者が考え抜くべき最も大切なことです。組織（企業）は外部にいる顧客に貢献することによってのみ、社会に存在が許されるものだからです。組織（企業）の目的は、外部に向けられるべきであり、市場への貢献こそ、リーダーが第一義とするべきものです。あなたが強いリーダーシップを発現し、顧客志向の組織を実現し、経済的な成果を上げてこそ、自由で平和な社会が実現します。

この章のコンセプト

■効果

顧客に熱烈に支持され、市場で勝てる会社になる。

■何を実現するのか？

全社員がマーケティングを理解し、顧客志向を実践できる〝仕組み〟を創る。

■手順

(1)マーケティングの定義を全社員に正しく理解してもらう。
(2)全社員がマーケターとして徹底的な顧客視点を持つ。
(3)ビジネスの勝敗を決めるマーケティングの本質を機能させる。

■ツール

(1)顧客に教わったことノート
(2)マーケティング会議
(3)顧客志向の行動でマーケティング感性を高める。

企業の勝敗は、マーケティングの優劣が決める

セブンカフェ・セブンプレミアム(金の食パン)をはじめ、セブンイレブンはコンビニ、小売りの最先端を力強く走っています。一店舗当たりの売上げにも、競合より2割以上高いのです。セブンイレブンはなぜ強いのか? 一言で言えば、それは顧客に近いからです。「顧客を理解すること=マーケティング」で他社を圧倒しているからです。「マーケティングの優劣が企業活動の勝敗を決める」

マーケティングとはそれほどまでに重要な、「企業活動の理念」です。同社は、PB（プライベート・ブランド）商品ではメーカーと立場を逆転させ、従わせました。企画は同社が行い、製造のみをメーカーに託したのです。なぜメーカーに先行できるのか？　メーカーより顧客を深く理解し、最適な提案が顧客にできるからです（同社は顧客の嗜好についての詳細情報を、POSレジシステムを通じ、先行して把握しているのです）。コーヒーやPBでの成功、次に顧客が求めるものは何か？　顧客を理解し、商機を創出できる……たった1つの理由は、同社がマーケティングに長けた、「マーケティングカンパニー（顧客への価値創造企業）」だからにほかなりません。

ドラッカーも経営の目標について、マーケティングを第一に設定しています。これは、「事業においては、顧客を最重要にせよ」ということです。

リーダーが最重要に自社に問うべきことは、「わが社のマーケティングは機能しているか？」その一点に尽きます。

マーケティング（顧客を理解する・顧客第一・顧客の視点）こそ、第一の目標にすべきものです。

参考：P・F・ドラッカー『エッセンシャル版　マネジメント』編訳：上田惇生　ダイヤモンド社　16・29ページ　2013年　第51刷

経営の最重要は、マーケティング

経営で一番大切なものは顧客です。顧客のいない会社は、存在することはできません。経営者はマーケティング（顧客第一）をはじめに実践しなくてはなりません。

では、具体的にマーケティングとは何でしょうか？　英字で書くとＭａｒｋｅｔｉｎｇです。マーケティング＝Ｍａｒｋｅｔ（市場の）＋ｉｎｇ（中から……）という意味です。

会社の中からではなく、顧客のいる市場から見て、事業（商品・サービス）を適正化していくことがマーケティングの本質なのです。

会社の中に、マーケティングは１つもありません。社長室・会議室から顧客は見えません。顧客のもとに行き、市場（現場）からでなければ、事業の真実は把握できない。これこそがマーケティングの本質なのです。

マーケティングで重要なのは視点です。最も大切なことは、視点を自社ではなく、顧客

マーケティングは視点が重要

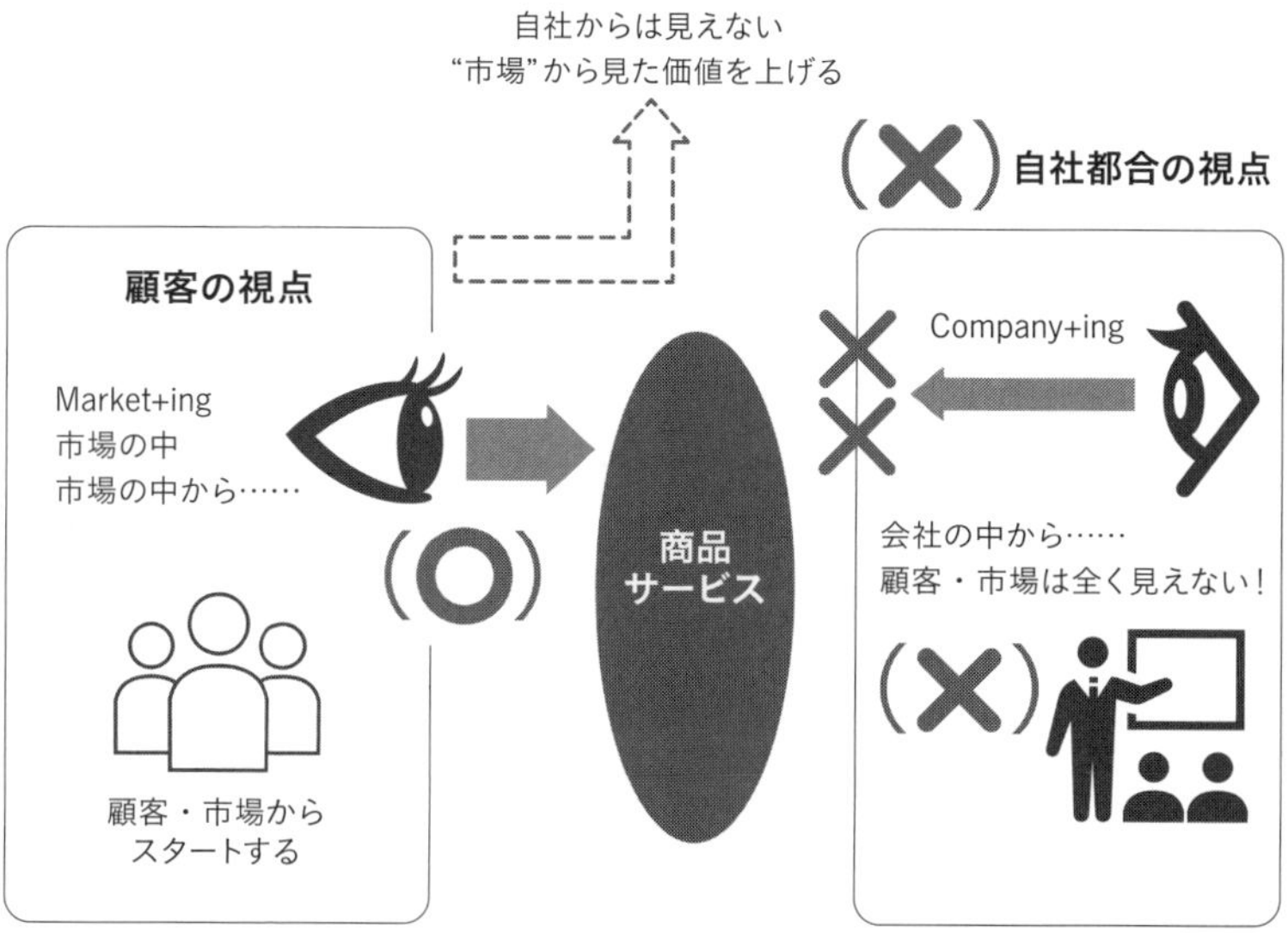

自社からは見えない
“市場”から見た価値を上げる

顧客の視点
Market+ing
市場の中
市場の中から……
（〇）
顧客・市場から
スタートする

商品
サービス

（×）自社都合の視点
Company+ing
会社の中から……
顧客・市場は全く見えない！
（×）

側に完全にチェンジすることです。

企業視点（自社都合の視点）は顧客には必要ありません。顧客が欲しいのは、「私にとって……あなたの会社が何をしてくれるのか？」というただ一点にすぎません。そのために、企業は企業視点をゼロにして「顧客の視点」で自社を見る必要があります。

マーケティングとは、事業のすべてを顧客視点でスタートすることです。企業の都合・会社の内部視点からはスタートしないということです。

商品・サービス、会社のすべてを「顧客の視点」で見直し、価値を上げていくことです。顧客の視点でなければ、事業についての真実を把握することはできません。

事業がうまくいかないのは、顧客の視点から見て、何か不具合があるからにほかなりません。経営がうまくいかないのは、顧客の視点を忘れてしまったことが原因です。経営者はすべての社員が顧客視点で自社を厳しく見られるように教育する必要があります。

（日本で言う、お客様第一とはマーケティングと同様の意味です。本書では、お客様＝顧客と同義で語句を使用しています）

マーケティングとセールス（販売）は真逆である

ドラッカーは販売とマーケティングについて、全く立場が逆のものであり、補い合う部分も無いということを述べています。

私は、これをもっと簡潔に、マーケティングとセールスの違いは、「目（視点）」の違いだと定義しています。

セールスとは、自社視点で顧客に物を売り込むことです。反対に、顧客視点で事業のすべてを捉えることがマーケティングです。

モノ余りの時代においては、セールスではなく、マーケティング、顧客から見て選ばれる企業になることが必要です。

企業の中の内向き視点を一切排し、市場・顧客の目線で自社の商品・サービスを厳しく見直していくこと（マーケティングの強化）が最も大切です。

経営者は全社員を顧客視点からスタートする「マーケター」として育てる必要があります。

組織のいかなる部署にも顧客に関係のない社員はいないからです。


全社員をマーケターにするには、マーケティングという考え方を、全社を貫く企業理念にする必要があります。

全社員が顧客視点で価値向上に燃える会社を、マーケティングカンパニーと言います。

想像して下さい。全社員が顧客目線で、たゆまぬ価値向上に燃えるとしたら、いかに強力なビジネスに進化するでしょうか？　全社員をマーケターとして教育し、マーケティングカンパニーに進化するのです。

私のコンサルティングの8割はこのマーケティングの確立に費やします。全社員がマーケターとして顧客を深く理解し、顧客視点で価値向上を行うならば、業績は必ず上がると確信しているからです。マーケティングを企業理念として理解し実践できるか。全社員を、顧客の視点を持ち、価値向上に燃えるマーケターとして育てることができるか。マーケティングが、経営革新のスタートです。

参考：P・F・ドラッカー『エッセンシャル版　マネジメント』編訳：上田惇生　ダイヤモンド社　17ページ　2013年　第51刷

マーケティングとは顧客の視点からすべての事業を見直すことである。全社員が、あらゆる仕事を顧客視点からスタートするマーケターとして、マーケティングを理解・実践できる組織をつくる。

わが社は顧客を理解しているか？

マーケティングとは顧客を深く理解することです。顧客を理解するほど、顧客に対してリーダーシップがとれるようになります。マーケティングの究極の目的は、営業活動を不要にすることです。

私が旅行会社の社員で、あなたへ旅行のプランを営業しているとします。家族構成・好きな国・予算・趣味など、あなたを深く理解して、最適な旅行企画を作ったとします。その場合、私が無理に営業しなくても、私にまかせてくれるのではないでしょうか。

顧客を理解する

顧客を理解することについて考えてみましょう。
まず現実では、多くの会社が顧客のことをほとんど理解していません。
私はセミナーで以下のように質問します。

・顧客をどこまで理解できているか？（＝人を理解するという点において）
①家族・身内で、一番自分が理解できていると思う人を一人イメージします。
②その人について、あなたがフリーに話していいとしたら、どれくらいの時間話せますか？
③今日の帰りに、その人に何かプレゼントの小物を買って帰るとします。その人はあなたに何と言いますか？
④あなたのプレゼントが、その人の好みを満たしている可能性はどれくらいありますか？

すると、結婚20年の奥様について、自由に話していいと言われれば2時間は持つ。けれどプレゼントにハンカチを買って帰って、奥様には、「あなた、また、こんなものを買ってきて……これ私の好みの色じゃないのよ！」などと言われる人が半数以上います。長年一緒にいて、理解できていると思う奥様でもこのレベルです。

ここからが重要になります。

次の質問です。

⑤ビジネスで、あなたが一番理解していると考える顧客をイメージして下さい。
（長年取引があり、多くの額を購入していただいている方です）
⑥その方について、人柄・趣味・嗜好を、制限時間なしで話して下さい。

この質問をセミナーですると、いくら理解していると考えていた顧客でも、10分以上話せる方はほとんどいません。そこで私は言います。

「考えて下さい、2時間以上話せる伴侶にお土産を買っていっても、好みに合うことは稀でした。では、5分も話せない顧客について、最適な商品・サービスを提供できている自信はどこにありますか？　そんな顧客と数百万・数千万の取引をしています。これは恐ろしいことじゃないですか？」

つまり、我々は現実には、全くというほど、顧客を理解していないのではないでしょうか？

これが、マーケティングを起動させる最重要な質問であり、スイッチです。顧客を深く理解できている状態を「マーケティングが機能している」と言います。

マーケティングが完璧であれば、顧客を深く理解して、最適の商品ができるため、営業せずとも、顧客のほうから売ってほしいと来てくれます。売上げは思った以上に右肩上がりで、喜びの悲鳴が出ているような状態になるのです。

つまり売上げが上がらない、顧客が買ってくれない原因はたった1つです。マーケティングができていない、顧客を全く理解できていないということなのです。

現場・市場・顧客からスタートする

会議室・研究室の中だけで開発された商品の多くが失敗します。

会社の中に、マーケティングは1つもないからです。パソコンの前でいくら想像しても、「妄想」にすぎません。市場に行き、顧客に聴いて、はじめて顧客について理解することができます。市場（現場）・顧客からスタートすることがマーケティングの鉄則です。

ポイント

「わが社はもしかしたらお客様のことを理解できていないのではないだろうか？」

これが、マーケティングをスタートさせる最も重要な質問です。

顧客の価値としているものを理解する

多くの企業が自社目線で、売りたい商品・サービスにばかり興味をとられています。顧客の心の内（顧客が何を価値とするか？）を考え抜いている企業は少ないのです顧客に商品を購入してもらおうと思ったら、顧客が何を重要な価値としているかについて考え抜かねばなりません。顧客は商品を買うのではなく、「何らかの問題を解決する手段」として、商品を利用しています。

ポルシェを購入する顧客は、移動手段としての車を買うのではありません。単なる移動手段であれば、運転の難しい車を買う必要はありません。顧客が本当に得たいものは、プライドの満足や、ポルシェを保有するという社会的認知です。

顧客は、商品ではなく、問題解決を買っている

顧客は商品を買うのではありません。商品は顧客の問題を解決する手段に過ぎません。

高級レストランを利用する人は、美味（おい）しい料理だけを求めているのではなく、くつろげる・ラグジュアリーな打ち合わせの場（空間）を買っています。

企業が売っていると思うものを、顧客が買っているとは限らないのです。

顧客が本当に価値としているものを深く理解し、アプローチすることが必要です。

商品・サービスは顧客の抱える何らかの課題（問題）を解決するために存在しているのです。

顧客の価値としているものは何かを考え抜くことが、マーケティングです。

顧客が自社の商品・サービスで、本当に価値を感じているものは何ですか？
（想像せずに、直接聴く）

顧客の価値を知る

顧客が価値とするものを知るために、次の「６つの質問」を考えてみて下さい。

【顧客を深く理解するために考えるべき・６つの質問】

①われわれが売っている商品は何か？
②顧客が本当に買っているもの（解決したい課題）は何か？
③顧客が本当に価値を感じているのは、商品のどの部分なのか？
④商品の使用前・使用後で顧客にどのような変化があるのか？（苦痛・ストレス⇒快適）
⑤何と比較して、われわれの商品を選んでいるのか？　顧客が解決したい問題を解決するために、他の手段は考えられるか？
⑥顧客の視点からすれば、本当にわれわれが売っているものは何なのか？

これを自分に問いかけることで、顧客の価値を整理し、もう一度考えてみることが必要です。

顧客の課題から考え抜けば、新サービスが生まれる

「顧客が本当に解決したい課題は何か？」を考え抜けば、顧客への新サービスを開発できます。

ある製薬会社は、顧客である末期の癌（がん）患者を調べました。すると、患者が本当に購入しているのは薬ではなく、伸びた寿命（家族と過ごす時間）だと分かりました。患者は薬という商品を通じて、家族と過ごす時間の延長権を買っていたのです。その結果、患者のために行うべきは、家族（の心）のケアという、患者のみならず家族を含んだ、患者支援のトータルサポートに進化しました。家族の不安を解消するために、家族向けの薬剤の説明会を行い、より広い活動で、患者と家族に貢献しています。

顧客が本当に価値とするもの、解決したいことを深く考えたときに、マーケティングは、より深く顧客の心に迫り、顧客さえも気づいていない解決すべき課題を明らかにします。そして、解決する手段としての新サービスの開発が可能になります。

マーケティングの格言に、「一番魚釣りのうまい漁師は、一番魚のことを理解している」というものがあります。マーケティングの最大の課題は、顧客に迫り、深く理解することです。

ドラッカーも、「消費者が求めているもののなかで、今の商品やサービスで満たされていないものについて、それが何であるかを問わなければならない」と顧客と顧客の課題を理解することの重要性を強調します。

参考：Ｐ・Ｆ・ドラッカー『エッセンシャル版　マネジメント』編訳：上田惇生　ダイヤモンド社　27ページ　２０１３年　第51刷

ビジネスにおいての主人公は顧客です。顧客を一番理解できた企業がビジネスを制するのです。

顧客が本当に解決したい問題を考え抜き、自社がさらに貢献できることは何か？を考え抜けば、新商品・サービスが生まれる。

顧客を先生とする（お客様に教わったことノート）

顧客を深く理解し、知るためには、事業活動の中で、「お客様を先生として教えていただく」といった姿勢が重要です。顧客が事業の最良の先生であり、どのようなコンサルタントよりも優秀なコンサルタントです。

私は、「お客様に教わったことノート」をいうのを毎日つけています。シンプルなノートですが、すごい効果を生みます。

ドラッカーも、「顧客自身が、一番顧客と市場をわかっている」とし、どのようにして顧客からそれらを学ぶかを考えることを言っています。

このノートは、ドラッカーの考え方をヒントにインスピレーションを得たものです。

参考：P・F・ドラッカー『創造する経営者』訳：上田惇生　ダイヤモンド社　118ページ　2011年第6刷
P・F・ドラッカー『経営者に贈る5つの質問』訳：上田惇生　ダイヤモンド社　118ページ　2009年　第1刷

営業日報をつけている方は、「今日、お客様に教わったことは何か？」という項目を一行つけてみて下さい。この質問を加えるだけで、気づきのレベルが全然違うのです。

顧客を先生として、顧客を中心にビジネスを組み立てられるようになります。

すると、ビジネスのあらゆる部分がパワフルに改善されます。

私も、このノートのおかげで売上げはこの5年で4倍にもなりました。

事業の答え（成果）は、顧客のもとにしかありません。顧客以上に事業について知っている人はいないのです。顧客を直接、見て、聴いて、質問して、教えてもらう必要があります。これ以上に、事業を良くするために重要な策はありません。

「今日、先生であるお客様に何を教わったか？」を考え、組織の中で共有して下さい。

これまで見えてこなかった、事業の真実、新たな機会が見えてきます。

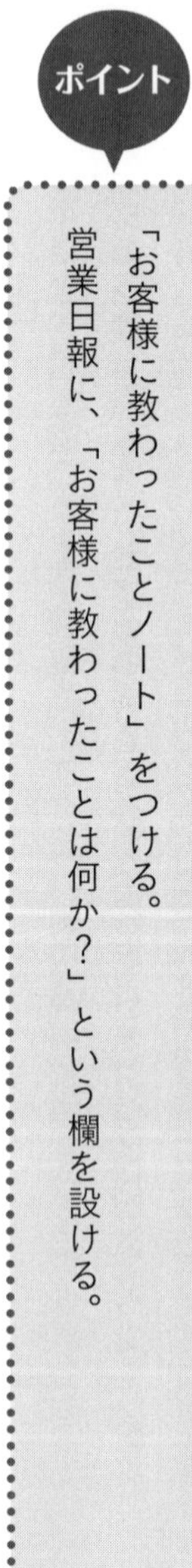
ポイント
「お客様に教わったことノート」をつける。
営業日報に、「お客様に教わったことは何か？」という欄を設ける。

効果

顧客を先生として、顧客に教えてもらう組織文化に進化する。

全社員がマーケティングを理解し、実践できるようにする。

顧客を深く理解し、顧客への価値向上に邁進(まいしん)する社員をマーケターと言います。そして全社員がマーケターとして顧客への価値向上に邁進する会社を、マーケティングカンパニーと言います。

全社員をマーケター化し、マーケティングに強い組織を実現するには、全社員がマーケティングという考え方を理解することです。明確に理解して、はじめて実践することができます。

マーケティングは決して難しい考え方ではなく、学ぶことは、1日でもできます。しかし実践し続けることはとても忍耐が入ります。一生かかると言っても過言ではありません。

マーケティングの4つの定義

マーケティングは次の4つに定義できます。

【マーケティングの4つの定義】

①顧客の困りごと・欲求を知る（顧客を理解する）

②競合他社を知る
③変化の中に機会を探す（市場・顧客に起きている変化を知覚し、機会とする）
④脅威を機会に転ずる

それぞれを詳しく見ていきましょう。

①顧客の困りごと・欲求を知る（顧客を理解する）

顧客を深く理解することが一番のスタートです。そのためには、市場で顧客に直接聴き、質問しなければなりません。企業の中で、顧客について想像することは妄想です。顧客のことは顧客にしか分からないと考え、毎日のビジネスの中で謙虚に顧客に質問することが大切です。

②競合他社を知る

ビジネスは相対競争です。顧客が商品を購入する場合、必ず競合他社と比較検討します。顧客に選ばれようと思ったら、競合他社よりも優れた商品を提供する必要があります。競合の商品・サービスを研究し、競合より良いものを提供して、はじめて競合に勝つことができます。競合情報は、WEB上や顧客に聞いて分かる程度でよいのです。完璧な情報が入ってくるわけではありませんが、その範囲で研究する必要があります。

③変化の中に機会を探す

事業機会は変化の中に見つかります。そのためには、積極的に変化を捉え、知覚する必要があります。近年、河口湖畔で、富士山を見ながら蟹を食べよう！　というツアーが大ヒットしました。インバウンドの顧客が増加し、日本のイメージを満喫したいと思った顧客が現れたからこそできたツアーです。日本人の常識では、富士山近郊で蟹は獲れないし、蟹を食べるには北陸や北海道などに行くのが常識です。しかし、外国人にとっては、別に蟹の産地でなくても、富士山・蟹と日本を満喫できれば一挙両得です。業界の常識破りの、富士山を見ながら蟹を食べるというアイデアがヒットにつながったのです。これは日本にインバウンド市場の拡大という「変化」が生じたからこそ、そのことを「機会」と転じた事例です。ビジネスの常識として、新聞・ニュースを見る。というのも、本当の理由は、マーケティングの「機会」として活かせる「変化」を見つけ出すためにあるのです。

④脅威を機会に転ずる

変化のみでなく、環境の脅威さえも機会に転じてしまうのがマーケティングです。

日本の出生人口はますます落ち、現在では１００万人を割っています。子供をターゲットとする業界にとっては、顧客が減少し続ける危機的状況です。しかし、ランドセルメーカーはそれを逆手にとり、高級ランドセルを売り出しました。通常のランドセルの倍以上する高額のランドセルが瞬く間に売り切れ、来年は予約待ちの状況になっています。子供は減るが、その分、親が少ない子供により多くのお金をかけ、手厚く子育てをするという状況を機会に転じて、高級ランドセルという新市場を創造しています（詳細は２０６ページ参照）。

全社員が①顧客を理解し、②競合を分析し、③変化を機会に、④脅威さえも機会に転じて、ハングリーに機会を追求する会社がマーケティングカンパニーです。これから躍進していける会社は、外部の変化・脅威を機会に転ずるマーケティングカンパニーなのです。全社員をマーケター化し、機会追求型のマーケティングカンパニーに進化するのです。

ポイント

・自社を、顧客志向を徹底する「マーケティングカンパニー」に進化させる。
・マーケティングカンパニーでは全社員がマーケティングを理解し、実践に努めている。
・マーケティングカンパニーは機会志向で、変化・脅威さえも機会とするハングリーな、挑戦する組織である。

マーケティング会議でマーケティングを習慣にする

マーケティングカンパニーに進化するためには、マーケティング会議を行います。組織にマーケティングを浸透させ、習慣とする会議です。月に一度開催します。

次に挙げたのは会議で使うことのできる確認シートです。シートを見ながらそれぞれの項目について解説していきます。

メンバーをマーケターに進化させる、マーケティング会議

①変化に注目し事業機会にする　②異なる業界をまねる　③問題ではなく機会を追求

	気づいたこと・感じたこと
【１】予期せぬ成功はないか？ これまで無かったような変化、問い合わせは無いか？ その原因は何か？	
【２】顧客のクレーム・意見	
【３】トレンド分析 ①新聞・ニュース ②街や現場　その他 ③競合・異業種 ④その他面白いと思ったこと	
【４】競合の商品分析	
【５】各部門からの気づき・意見交換	
【６】今後自社へ活かせるヒント	
【７】次回へ向けて取り組むべきマーケティング上の課題は何か？ （商品開発・調査・改善） ①責任者 ②やるべきこと ③確認日	

マーケティング会議で話し合う項目

まず、会議の中で話し合う項目である【1】～【4】についてそれぞれ細かく見ていきます。

【1】予期せぬ成功はないか？

予期せぬ成功（これまでなかった顧客からの問い合わせ）は、注意深く分析する必要があります。予期せぬ成功が教えてくれるものは、「企業が気づいていない、既にある市場・顧客の欲求」です。

ペット保険が誕生した時を考えてみます。

損害保険会社に、これまでになかったような顧客からの問い合わせが入ってきました。

「うちのワンちゃん、病気になって入院費が30万もかかるの……お宅の会社でワンちゃん向きの保険やっていない？」

通常の窓口担当でしたら、「（はあ……変なお客様だな……）うちは人間向きの保険しかやっていません」と電話を切って終わります。

しかし、予期せぬ問い合わせの価値を知っている担当でしたら、「あ！　今まで聞いたこともない問い合わせだ、これは分析する必要があるぞ……」と詳しいヒアリングをします。そのようにして、市場にはペット向けの保険の需要が高まっていることに気づき、ペット保険を商品化し、他社に先行して商機を得ることができたのです。

今までにない顧客からの問い合わせは、企業が気づいていなくとも、既にある市場・顧客の欲求を教える。
⇓新商品・サービスを創るヒントとなる。

【2】顧客のクレーム・意見

クレームを言ってくれる顧客は、一般的に3%と言われています。クレームを解消するだけで、顧客満足度を高めることができます。私のクライアントは、クレーム報告を、「チャンスの声」と言い換えています。クレームを解消することを、顧客とつながる最大の機会と捉える。ピンチをチャンスに変える逆転の発想です。

〈クレームゼロ運動は、絶対に行ってはいけない〉

クレームゼロ運動というのは、絶対に行ってはいけないものです。事業活動をしていれば、クレームは一定比率で必ず発生します。クレームゼロ運動をすると、クレーム隠しが起き、組織を重大な危険にさらします。「クレームについては即刻上司に報告、そしてクレームを上げたことについては、叱らない」「報告せずに、隠した場合については厳罰に処す」という姿勢がクレームに対する正しい方針です。心理的に上げにくいクレームを、いかに上げやすくするかが重要です。

ポイント

クレームをチャンスとし、クレームが上がる文化を創る。

【3】トレンド分析

異なる業界を見て、自社に模倣できるものがないかを分析します。

マーケティングにおいては、自社の外を注意深く観察する意識を持つことが大切です。業界内だけを見ていたのでは、ブレイクスルーのヒントは見いだせません。業界の外に目を配って、はじめて新たな機会を見いだせます。

使い古された業界内のアイデアよりも、外に新たなヒントは埋もれているのです。

〈創造的模倣戦略で、業界の壁を破るブレイクスルーを起こす〉

マーケティング戦略の1つに創造的模倣戦略というものがあります。他社・他業界のやり方を一工夫してまねてしまうという戦略です。業界外から持って来てしまうため、自分の業界の固定観念を超えたブレイクスルーが起こせる戦略です。

〈事例①〉業界の外を見て、ブレイクスルーを起こした（オフィスグリコ）

オフィスグリコというサービスがあります。オフィスに菓子の詰まったスタンド（箱）を置き、菓子を食べる人はお金を入れ、食べたいものをいつでも購入できる。富山の置き薬ならぬ、グリコの置き菓子です。薬業界に既にあったアイデアをまねただけです。

しかし、菓子業界では誰もやっていなかったものです。菓子をいつもオフィスに置いておけば、残業時に、買い出しに行く手間も省けるという素晴らしいアイデアです。

外からまねして持ってくるだけで、業界内にこれまではなかった、新サービスを実現できるのです。

〈事例②〉美容界になかった時間制課金で大ヒット(QBハウス)

都心を中心に展開しているQBハウスという理髪店は、「10分・1000円」を売りにしてブレイクした床屋さんです。

QBハウスが登場した時には、理髪店はコンビニの数より多いと言われるほど過当競争のビジネスでした。新規参入する魅力は薄く見えます。ところが、QBハウスは、大ブレイクしました。

このQBハウスのサービスは、業界の常識を破るものです。

通常の理髪店が大体4000円するのに、QBハウスの価格は1000円。散髪も通常40分くらいかかるところを、QBハウスは10分。しかも理髪店なのに、洗髪のサービスがないので洗面台はありません。どうして、こんな非常識なアイデアを業界に持ち込めたのでしょう。

QBハウスは、理髪店業界内のサービスを参考にはしていないのです。同店のコンセプトは「10分1000円」という時間制課金。コインパーキングにあるような時間制課金という他業界のビジネスモデルを理髪店業界に持ち込んだらどうなるだろうか、という発想からビジネスを組み立てたのです。

業界外でうまくいっているビジネスのコンセプトを、業界の枠を超えてまねてしまうという創造的模倣戦略は、業界の壁・固定観念などを覆して、新サービスを創造できます。新たな価値を創造するためには、業界の常識を疑う姿勢が重要です。業界の外を注意深く見て、模倣できるサービスを見つけ出すのです。

・業界の内だけを見ていたのではブレイクスルーは生まれない。
・業界の外を見て、自社に活かせるサービスを一工夫して、模倣する。
・創造的模倣戦略で、業界の常識を破る新商品・サービスを実現する。

【4】競合の商品分析

ビジネスは相対競争です。顧客にいかに、競合よりも優先して選ばれる存在になれるか？　競合数社と比較し、勝てる差別化ポイントを考えます（競合情報は、顧客・WEB・業界新聞から入る情報から類推します）。競合の優れた取り組みは、まねして自社に取り入れることもできます。優れた競合2、3社をベンチマークして、競合の戦略を定期的に分析します。

ポイント

・ビジネスは相対競争・必ず競合を分析し、勝てる差別化ポイントを探す。
・競合数社をベンチマークし、優れた取り組みをまねして取り入れる。

マーケティング会議からアクションプランへ落とし込む

シートの【5】～【7】で、次回の会議に向けての課題・アクションプランに落とし込みます。これらを、毎月繰り返していきます。マーケティング会議は、機会に集中することを意識して下さい。

マーケティング会議は、機会（商機）追求会議

マーケティング会議は、マーケティングを浸透させ、視点を外部に向け、事業機会（商機）を追求する会議です。事業で大切なことは、機会の追求です。事業の利益は機会の追求によってのみ得ることができます。

問題より機会を見る。問題解決型から機会追及型の会議へ

リーダーは、問題よりも機会についてメンバーの関心がいくようにします。
問題について話すより前に、まず初めに、機会について徹底的に議論して下さい。

問題は解決してもゼロに戻るだけです。利益は機会からしか生まれません。まず機会ありき、なのです。組織を、「問題ではなく、機会に集中するマーケター集団」に進化させる必要があります。

マーケティング会議の効果

・組織が外部の変化に気づく、外部志向の組織になる。
・組織が機会追求型のマーケター集団に進化する（問題よりも機会に集中）。
・組織が顧客・競合・外部の変化を捉えて、事業機会へと変えるマーケティングカンパニーに進化する。

組織のマーケティング感性を高める

企業は、自社の商品よりも、顧客に最大の関心を持つべきです。顧客に関心を持つことで、ビジネスに大きなパワーを得ることができます。事業の勝敗を決めるのは、商品・競合ではありません。事業の主人公は顧客です。

顧客に対する感度（顧客を感じる能力）をマーケティング感性と言います。組織のマーケティング感性を高める必要があります。次のワークで行います。

組織のマーケティング感性を高めるワーク

まずは自分の仕事にとって、顧客志向の具体的な行動を10分以内でできるだけ数多く付箋に書いて張り出して下さい。

顧客志向の具体的な行動を書き出し、組織で共有することで、感性を高めることができます。

10分で5個しか書けない人もいれば30個も書ける人もいます。この差が、マーケティング（顧客志向）感性の差なのです。

多く書ける人のビジネスがうまくいく可能性は高いのです。なぜならば、常日頃、顧客に向けての感性の高い顧客志向の人だからです。感性の高い人の感覚を共有し、組織全体の感性を高めるのです。

天才的な商人・マーケターと言われる人は、マーケティング感性を磨いているから、顧客に支持され、売れるビジネスが作れるのです。

お客様にＦＡＸ後、電話で到着確認をする

お問合せ時、すぐ取り出せるよう書類整理

施工現場には10分前に必ず到着

電話で口角を上げて話す

いつお客様が来社しても明るく挨拶

かかってきた電話は３コール以内にとる

プロのアドバイザーとして専門知識を増やす

お問合せメールの返信を３時間以内にする

お客様訪問の前日にリマインドメールを送る

進捗を見える化して工期遅れを予防する

クレームは何よりも先に対応する

最高のパフォーマンスができるための体調管理

例えば、松下幸之助氏は、接待時に、座布団の表裏の配置まで、細かく気を配ったそうです。成功の裏には、顧客への圧倒的な気遣いがあるのです。マーケティング感性（顧客への思い・関心）を高め続けることを目的にワークを定期的に実践し、組織の持つ感性を高め続けます。

ポイント

- ビジネスの勝敗を左右するのは「マーケティング感性」である。
- 日常の業務の中で、メンバーの顧客志向の感度を高め続けることがビジネスの成功のポイントである。
- マーケティングの感性とは、顧客志向の具体的な行動のことである。

事業をマーケティングカンパニーと定義すると収益が上がる

自社事業をマーケティングカンパニーと定義すると、どう変わるのでしょう。

まずはマーケティングにまつわる語句を定義してみます。

マーケティングカンパニーとは、自社を、顧客から見て、あらゆるサービスを提供する企業と考えることです。また、マーケターとは、マーケティングを理解し、顧客目線を持ち、価値向上に燃える社員を言います。

事業の定義を再設定する

自社の事業は何であるかを決めることを、事業の定義と言います。

鉄道会社は設立時に、「鉄道による輸送をする会社」と事業を定義し、鉄道に限られた狭い分野のサービスの提供しか行いませんでした。しかし、後に、「鉄道輸送を通じて、都市のインフラを創る会社」と事業定義を再設定し、輸送のみならず、駅・周辺不動産の活用へとサービスを拡大し、収益を向上させました。

事業を定義するときに重要なことは、「顧客から見て、事業が何であるときに、貢献が最大化するか？」と言うことです。

鉄道会社の輸送と言うのは、自社視点から見た狭い定義です。事業機会を最大化するためには、顧客に何を期待されているのかという視点（顧客視点＝マーケティング視点）で事業を再設定する必要があるのです。

レストランの場合、飲食のみならず、顧客が集い、くつろげる空間としてのあらゆるサービスを提供すると定義すれば、コミュニティとしての地域会合・勉強会・イベント開催など新たな事業機会が見えてきます。

事業の定義を再設定することによって、顧客への貢献領域が広がり、貢献価値が高まります。顧客への貢献が高まれば、収益も上がります。

顧客視点から、マーケティングカンパニーと再定義する

マーケティングカンパニーとは、顧客から見て、その分野に関する「なんでもお悩み解決屋」と考えて、顧客価値を新たに生み出すことです。

マーケティングカンパニーと捉えることで、新たな事業機会が見つかるのです。

顧客視点で新たな貢献（価値）を創造することがマーケティングカンパニーの意義です。

マーケティングカンパニー

次に上げる6つのステップで、マーケティングカンパニーとして事業を再設定してみます。

マーケティングカンパニーと定義する6つのステップ（事例：鉄道会社）

①自社の事業は何か？【現在の定義】
　↓鉄道輸送会社

②顧客の視点で、今後、求められるものは何か？
　↓鉄道・駅周辺がより快適で便利であればうれしいのに……

③顧客視点で事業の定義を再設定すると事業は何であるべきか？【未来への事業定義】
　↓鉄道を通じて、人の暮らしを豊かにする、都市のインフラ創造会社

④その分野のマーケティングカンパニー（なんでもお悩み解決屋さん）と定義すると？

↓顧客の「都市空間創造に関する」あらゆる問題を解決する
　マーケティングカンパニー

⑤マーケティングカンパニー（顧客視点での価値創造企業）と定義した時に生まれる新たな事業機会（顧客への貢献）は何か？

↓駅ビルや周辺施設の開発

⑥新たな貢献（サービス）によって生まれる収益は何か？

↓駅ビルのテナント料・駅施設への広告料・周辺施設の転売料……

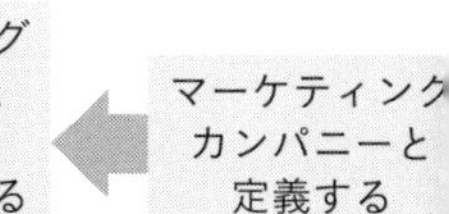

マーケティング
カンパニーと
定義すると、
新たに生まれる
事業機会＝収益

ポイント

・マーケティングカンパニーとは、顧客視点から見た、その分野の「何でもお悩み解決屋さん」である。

・マーケティングカンパニーと再定義すれば、顧客への貢献領域が広がり、事業機会は拡大し、収益が上がる。

マーケティングカンパニーの実践事例

〈事例①〉マーケティング部を最上位機関にしたA社

マーケティングは、顧客に関するすべてのことです。事業にとって何よりも一番大切なのは顧客です。企業内のどのような部門も顧客に関係のない人は存在しません。

A社は、「全社員が顧客への価値向上に邁進するマーケターになる。マーケティングカンパニーを創る」というコンセプトにインスピレーションを受け、ある施策を実施しました。

「そうだ！　何より重要なのがマーケティングなのだ。わが社の全部門で、マーケティングを進める、マーケティングカンパニー（顧客価値向上に燃える会社）に進化するぞ。人事・総務・製造・営業・ロジスティックスの全部門を統括する上位部門としてマーケティング部を置こう」

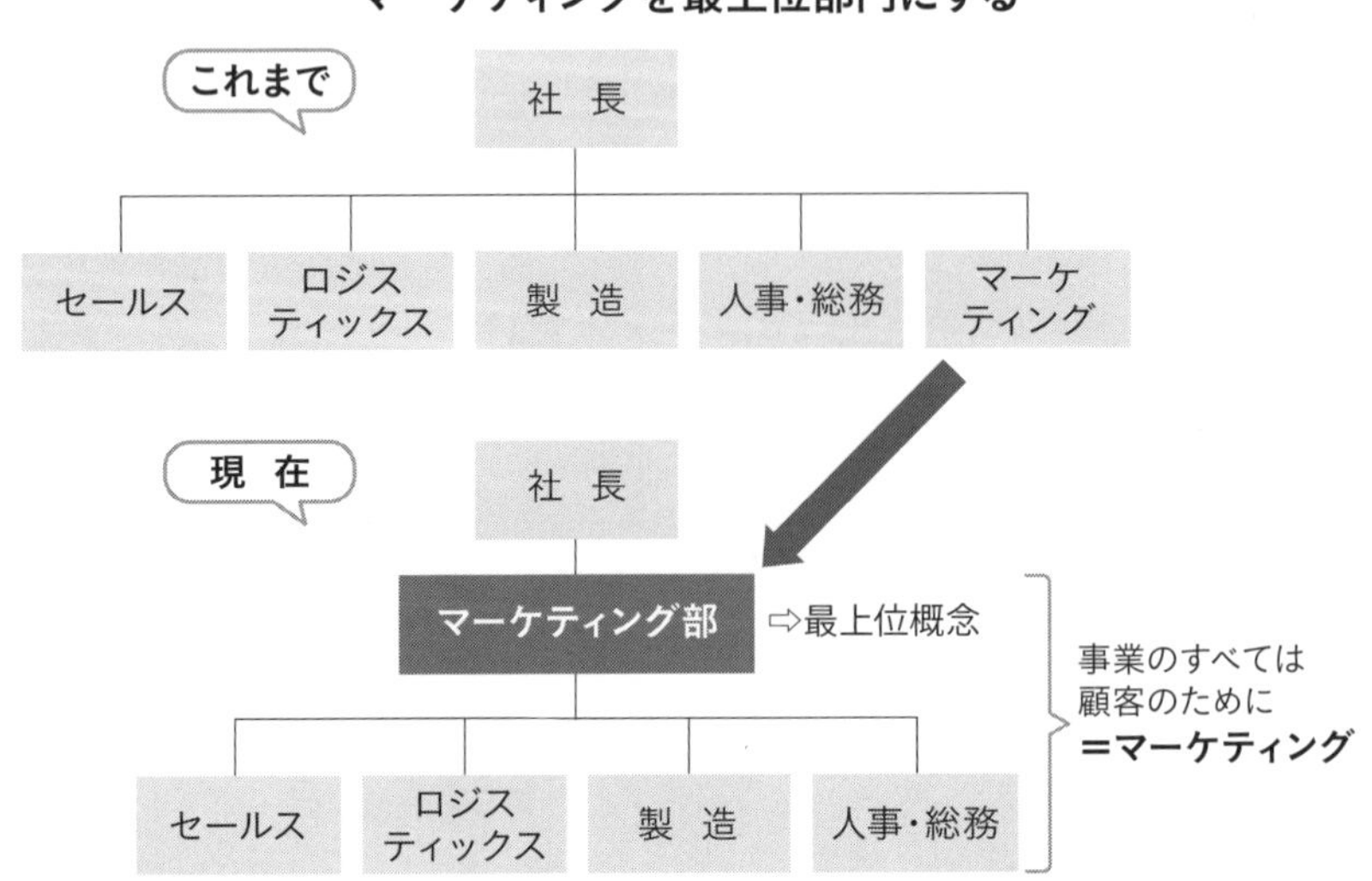

A社では、社長直轄で、マーケティング部を置き、傘下に全部門を展開しました。各部門は、マーケティング部営業課・マーケティング部ロジスティックス課・マーケティング部人事課といった具合です。事業活動すべてを「顧客視点から捉え」マーケティングを推進したのです。

モノ余りの現代、ビジネスの主導権は顧客が持つ。顧客の視点になり切って、顧客をいかに深く理解できるかが、ビジネスの成功を決める。マーケティングがすべてである。

〈事例②〉圧倒的に新商品リリースの早いK社（全社員がマーケター）

マーケティングカンパニーとして有名なK社は、商品開発の圧倒的スピードを誇ります。普通のメーカーの倍のスピードで商品を発案、リリースし、他社が参入する前に、圧倒的なブランドイメージを顧客に植えつけ、市場を席巻するのです。

研究・開発を顧客・市場からスタートする

K社の商品開発スタイルを聞いた時には唸（うな）りました。

商品開発は、基礎研究→商品開発→市場調査のプロセスで進めるのが通常です。しかしK社は全く逆、出口である「市場調査・消費者ニーズの把握」を徹底的に行い、その後、研究・商品開発を同時に進めるのです（市場調査→研究・商品開発（同時進行））。消費者ニーズ（マーケット）を第一に商品開発をするため、ヒット商品を高い確率で生み出すことができるのです。

店頭の陳列の仕方は、売り場の視点ではなく、顧客から見た〝買い場〟の視点で考える

売り場作りにも工夫があります。店頭では、顧客が購入しやすい陳列を第一に心掛けます。K社は、売り場と言わずに、顧客が買う場所として〝買い場〟と呼び、顧客目線での商品陳列を徹底しています。顧客目線で見ること（＝マーケティング）が全社員に深く浸透しているのです。

商品を、〝売れる〟陳列手法とセットで小売店に売り込む営業マン

営業マンは商品単体を小売店に売り込むことはしません。買い場の陳列手法を含め、売れる買い場を実現する「販促コンサルタント」として店に出向き、商品とセットで営業するのです。小売店も売上げが上がり、非常に有り難がり、K社を優先して店舗に置いてくれます。すべて、市場・顧

市場調査（出口＝ゴール）からスタートするため、
商品開発が圧倒的に速くなる。

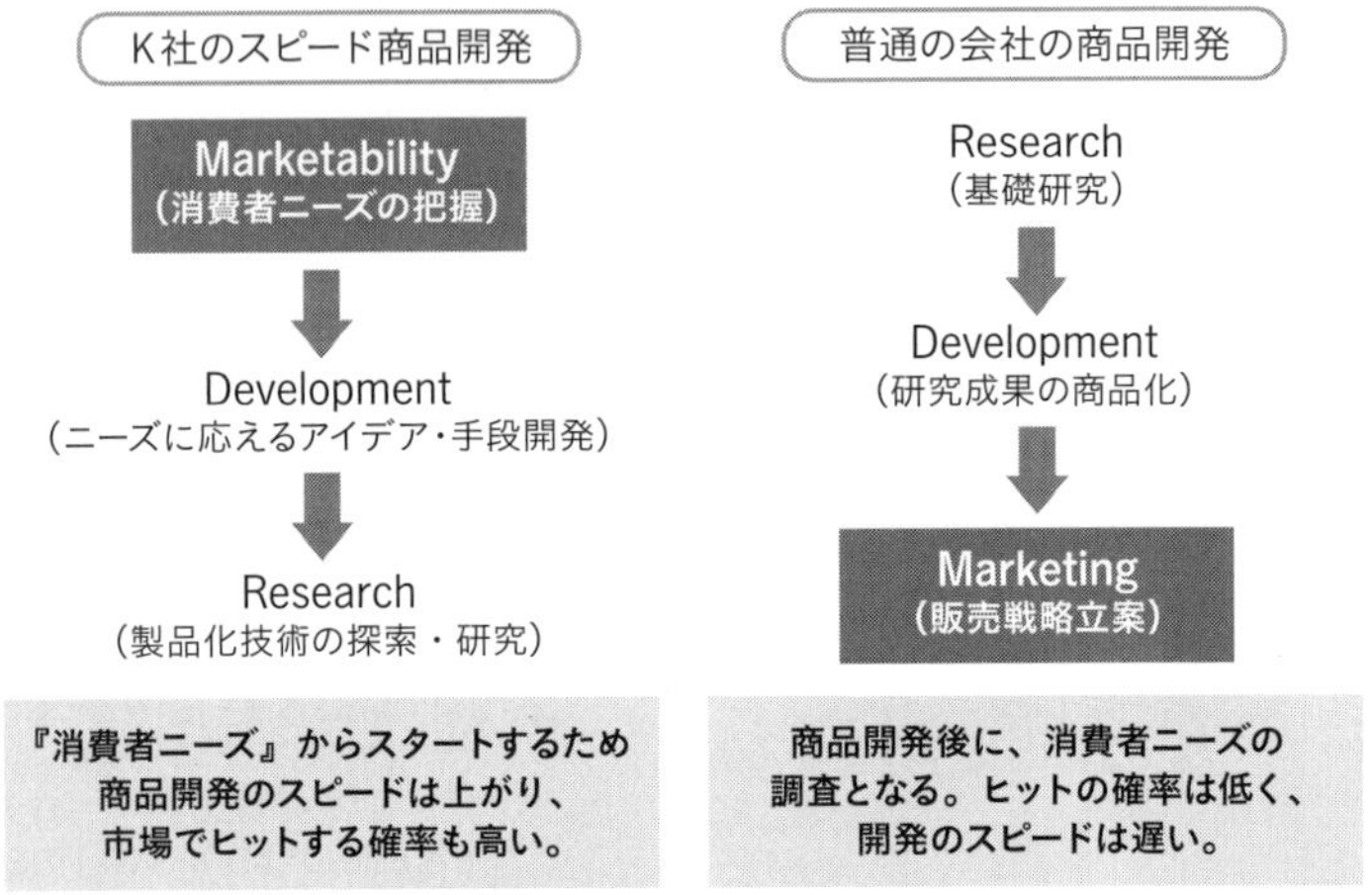

K社のスピード商品開発	普通の会社の商品開発
Marketability（消費者ニーズの把握）	Research（基礎研究）
↓	↓
Development（ニーズに応えるアイデア・手段開発）	Development（研究成果の商品化）
↓	↓
Research（製品化技術の探索・研究）	**Marketing（販売戦略立案）**
『消費者ニーズ』からスタートするため商品開発のスピードは上がり、市場でヒットする確率も高い。	**商品開発後に、消費者ニーズの調査となる。ヒットの確率は低く、開発のスピードは遅い。**

客目線から見ることがビジネスの好循環を生み出しているのです。

今後、生き残る会社は、すべてを市場志向、顧客からスタートするマーケティングカンパニーです。全社員の視点を、いかに自社目線を廃して、顧客・市場視点に反転できるか、マーケティング感覚を持ってもらえるかが重要なのです。事業の勝敗は、競合ではなく、顧客・市場が判断するのです。

差別化の究極（Only Value）を確立する

市場の中で、顧客に競合により優先して自社の商品・サービスを選んでもらうためには、「差別化」をする必要があります。

差別化できているかどうかは、顧客に値切られるかどうかで判断できます。ライバルと価格勝負になり、顧客が価格のみで商品・サービスの購入を決めていたとしたら、差別化できていないということです。

Only Value（顧客があなたを選ぶ理由・独自の差別化があるか？）

Ｏｎｌｙ Ｖａｌｕｅは独自の差別化（他社と違って特別である）という、顧客に選ばれる一番の理由を表します。身の回りの持ち物・スーツ・シャツ・ネクタイ・ペン・バック・時計・あらゆるものを見渡してみて下さい。理由なく購入したものは何一つないと思います。

マーケティングとは「消費者の視点」で考えることです。消費者は、明確な理由がないのに購入するものは何一つないのです。

「なぜ自社の商品を購入する必要があるのか、競合の商品ではいけないのか？」を説明できますか？理由が説明できなければ、顧客から、あなたの会社の商品を買ってもらうことは不可能です。

Ｏｎｌｙ Ｖａｌｕｅが必要なのは、モノ余りの時代だからです。ランチに行く時、誰もがレストラン・カフェ・お弁当・ファーストフードなどの中から、迷ってから決めます。

顧客は常に、競合と比較して迷っています。迷い子である顧客に、「自社の商品でなければ顧客の満足は得られない」ということをきっちり伝えるのです。

多くの企業が、Ｏｎｌｙ Ｖａｌｕｅ（明確な差別化）を持たないないままビジネスを行っています。これからは、全社員がＯｎｌｙ Ｖａｌｕｅを理解し、競合との違いを顧客に提示できなければなりません。

Ｏｎｌｙ Ｖａｌｕｅの見つけ方

Ｏｎｌｙ Ｖａｌｕｅの見つけ方は次の２つの方法があります。

①顧客に聴く

なぜ、他社ではなく、自社を選んでくれているのか。顧客に直接聴きます。一番確実な方法です。

顧客が購入する事情は複雑なので、聴かなければ分かりません。企業の中で顧客について想像することの大半は妄想です。馬鹿だと思われても、顧客に直接質問しなければなりません。

顧客は必ず理由があって、あなたの会社を利用しています。顧客に、直接聞いてみて下さい。顧客がＯｎｌｙ Ｖａｌｕｅを教えてくれます。

②「Ｏｎｌｙ Ｖａｌｕｅ発見シート」に記入をする

「Ｏｎｌｙ Ｖａｌｕｅ発見シート」とは次の文脈に顧客の声を埋めます（価値が、自社目線ではなく、顧客の声＝顧客から見たメリットになっている事が重要です。）

重要なのは、あくまで顧客のメリットになっているかどうかです。

Ｏｎｌｙ Ｖａｌｕｅが顧客に本当に価値があるものか？　を自問してみて下さい。

私のクライアントに建設会社さんがいます。研修時に、「わが社のＯｎｌｙ Ｖａｌｕｅは

〈Only Value 発見シート〉

「やっぱりあなたの会社の（　　　　　　　　）という商品・サービスを選んで良かった。

だってあなたの会社の製品には、Ｂ社にはない（　　　　　　　　）があるからね**【→差別化】**。

これはあなたの会社が（　　　　　　　　）だからこそ実現できるものだよね**【→ Only Value・自社独自の強み】**。

【例】「やっぱり日本リーダーシップ社の（**ドラッカーが実践できる・７つの原則セミナー**）という商品を選んで良かった。

だって日本リーダーシップ社の商品には、Ｂ社にはない（**「ドラッカーが教えてくれる。人を活かす経営・７つの原則」の著者であるコンサルタント・Ｍから直接、中小企業において、ドラッカーを実践するためのポイントが聞ける**）という部分があるからね**【→差別化】**。

これは日本リーダーシップ社に、（**ドラッカーに惚れ込んだ・熱血コンサルタント・Ｍがいる**）からこそ実現できる商品だよね**【→ Only Value ＝日本リーダーシップ社・独自の強み】**」

都内の繁華街にあることだ」との意見が出ました。これはどうでしょう？

カラオケ・飲み屋ならありですが、顧客が建設会社を選ぶときに、繁華街にあるかどうかを重視しないとしたら、Ｏｎｌｙ Ｖａｌｕｅではありません。

顧客への価値を生まないものはＯｎｌｙ Ｖａｌｕｅではなく、単なる商品の「性質」にすぎません。性質とＯｎｌｙ Ｖａｌｕｅは違います。

Ｏｎｌｙ Ｖａｌｕｅを確立し、明確に差別化すると、ブランドとして認識されます。

ブランドを値切る人はいません。ブランドとなれば、高い収益を獲得することができるのです。

ドラッカーもさまざまな著書の中で差別化の重要性について強調しています。

Ｏｎｌｙ Ｖａｌｕｅは顧客に伝わらなければ、存在しないのと同じである

Ｏｎｌｙ Ｖａｌｕｅは、なんとなく分かっていても、顧客に伝わらなければ、存在しないのと同じです。明確なＯｎｌｙ Ｖａｌｕｅを確立し、全社員が〝意識して〟伝えられる状態にする必要があります。

Ｏｎｌｙ Ｖａｌｕｅ（差別化）を確立し、全社員が理解し、顧客に伝え続ける。

コラボレーションで提供価値を増大させる

サービスが多様化する現代では、1社のみで顧客に価値を提供することは不可能です。顧客の多様な欲求を満足させるためには、自社のみにこだわらずコラボレーション（協業）が重要です。

私は顧客創造経営（マーケティング・イノベーション・リーダーシップ・マネジメント）専門のコンサルタントですが、他の分野は、専門家と組んで顧客にサービスを提供したほうがより高い効果ができるため、コラボをします。コラボの相手は税理士・会計士・弁護士まで及びます。彼らと私のサービスはかち合わないため、組むことでチームとしてより高いサービスを提供できるのです。

得意分野に専念し、最大のエネルギーを注ぐために、専門以外はそれを得意とする企業とコラボすることで、顧客により高い満足を提供できます。

コラボをすれば、ビジネスにメリットが生まれます。自己の得意分野に集中することでより強力なものになり、提供レベルが上がります。また、コラボ相手から顧客を紹介してもらえるために、顧客の数も増えます。

このように他社と組んで自分のサービスをより広く、高いレベルで展開することを、マーケティング上のレバレッジ（てこの原理で何倍にもすること）と言います。

特に、中小企業にとって、全国展開のできる大企業や業界の第一人者と組む、他社との連携で総合的サービスを提供するなど、コラボは効果があります。

現代社会においては、自社の内製にこだわり、孤立するほど危険なことはありません。

ドラッカーも、こうした孤立について、組織にとって死を意味するとまで言いきっています。

参考：『P・F・ドラッカー――理想企業を求めて』エリザベス・H・イーダスハイム　24ページ　2007年6月21日　第2刷

サービスを一緒に組んで提供できるところはないか？　コラボすることで、さらに総合的なサービスの提供が見込めないか？　考えてみて下さい。新たに提供できるサービスの機会が見えてきます。

ポイント

・サービスが多様化する現代では、自社のみに固執せず、コラボレーションしていくことで機会が広がる。
・コラボレーションによって、顧客への提供価値を向上させることができる。

顧客にとってのパートナーになり、長期的利益を得る

モノ余りの現代、企業は広告・セールスで顧客に四六時中、商品の購入を進めてきます。顧客は何を買ってよいのか迷い、うんざりしています。顧客が購入する時には、一体誰に相談すれば良いのでしょう？　顧客は企業に都合の良い売り込み文句を信用することはありません。自社にとって良いことしか言わないからです。自社商品の良い部分ばかりアピールし、購買を迫る企業は、心か

ら信用できるパートナーではありません。

顧客は、商品を買うことが、本当に良いことなのかについて、中立・公平な意見を求めています。ネットのレビューを見たり、ＳＮＳでその商品の真実を知ろうとします。このような状況では、従来のような押し付けセールスで顧客に購入を迫っても売れません。

企業はライバルを含めた市場の商品に精通し、購買に関するアドバイスを公平・中立的に、顧客の身内の意識を持ってアドバイスし、購買に関して失敗のないように守ってあげる、「顧客側のパートナー」としての姿勢が求められています。

自社商品ばかり押し付けてくる営業マンと、市場の商品から、顧客にとっての一番ベストな選択を、顧客の側に立ち守ってくれるパートナー（身内）では、どちらが信用されるかは明らかです。

顧客のパートナーと企業が認められるために重要なことがあります。

自社が「短期的」に得ようとする利益よりも、顧客にとって「長期的」に価値のある商品（顧客の人生にとって、真に価値のある提案）を勧めることが大切です。顧客の利益を第一に考え、自社の利益よりも徹底して優先する姿勢を持つということです。この姿勢で初めて、顧客はあなたを信用できる長期的なパートナーと見なし、その後もずっと、あなたから商品を買ってくれます。

関係性が、一度限りではなく、長期的価値を持つ関係（パートナー）に強化されるのです。

企業・顧客という対立関係ではなく、顧客を身内と捉え、「顧客と一体化」し、共に幸せになる永続的パートナーとして捉えることが重要なのです。

長期的な関係から得られる利益（パートナーとしての永続的利益）

顧客が一生涯買い続ける総額を意識することは、ビジネスに永続的利益をもたらします。主婦がスーパーで1日に使うお金は2000円に満たないとしても、一生そこから購入を続ければ1000万円にもなります。ところが、その日の利益を上げたいばかりに、傷んだ魚を口先うまく購入させた場合、二度とその店を利用することはありません。

マーケターは、目先の利益に目を奪われて、顧客から獲得できる長期的な利益を見失わないようにしなければなりません。

老舗には、長い信頼関係に基づいた顧客が多いことからも、顧客との長期の関係を維持することが、いかに重要かが分かります。しかし、顧客との長期の関係の重要性を意識している企業は意外に少ないのです。

大切なことは、①顧客のパートナー（身内）関係となること、②顧客と永続的な取引を前提とした関係を構築することで、これはマーケティングカンパニーとして全社を挙げて持つべき精神です。

- 自社を、顧客の立場に置き、永続的なパートナー関係に進化させる。
- 短期的な利益ではなく、顧客から得られる長期的利益を考えたビジネスに進化させる。

事業を多角化し安定させる

中小企業では、事業が1つだけのことがあります。一点に集中することは、事業に大きな成果をもたらしますが、反面、不振に陥れば、事業存続が脅かされます。このような状況を防ぐために、事業の柱を複数化する必要があります。

しかし、全く無関係な事業を始めても、ノウハウもスキルもない市場で、競合より秀で、戦いに勝つことは難しいでしょう。

多角化には、次の2つの条件が必要です。

①新たな市場：現在の自社の強み（ノウハウ）を活かせる新たな市場か？

今ある強みを、今と違う顧客（非顧客）に売れないかということです。

私はドラッカー理論のリーダーシップのセミナーを経営者・経営幹部対象に実施していますが、その理論を主婦の子育てに応用できないか、情操教育の教材として販売できないかといったことが考えられます。卓越した経営リーダーに学ぶ、強い子供の育て方なんていかがでしょうか。

②新たな強み（ノウハウ）：今の顧客に提供できる、新たな強み（ノウハウ）を創れるか？

今の顧客（市場）に提供できる、別のサービスはないか？　ということです。私の事例では、マネジメントの企業研修を実施していますが、受講者の方にＤＶＤのサポート教材を販売する一方、経営リーダーになるためのメンタル強化として、密教の修行経験を活かしたプログラムを開発することなどが考えられます。現在のサービスでは解決できていない、顧客の持つ、夜も眠れぬ悩みは何だろうか？　と考えると新たな機会が見えてきます。

事業の柱を増やすことを、マーケティング的に多角化すると言います。多角化は事業を安定させます。

・事業安定のために多角化する。
新たな市場＝今ある強み（ノウハウ）を提供できる新たな顧客・市場はないか？
新たな強み＝今の顧客（市場）に提供できる新たな強み（ノウハウ）はないか？

マーケティングは未来へのテスト・不確実なもの

ここまででマーケティングカンパニーのコンセプトについてはお分かり頂けたと思います。
次はマーケティング会議を導入して、プランを進める時に注意すべき2つの点について見ていきます。

①マーケティングは未来に対する取り組みであり、確実性を求めることはできない

新たな取り組みは、未来に対する仮説です。うまくいくかどうかは、市場に聴いてみるまで、答えは分からないのです。

例えば、マーケティングのアイデアが上がってきた時に、リーダーが決して行ってはならないことがあります。

「そのプランは確実にいけるの？　論理性があるの？」という質問をすることです。

マーケティングプランは未来への仮説であるため、マーケターは、この質問には絶対に答えられません。アイデアがブレイクする可能性を、この質問が殺してしまうのです。

マーケターの態度は、未来志向（わくわく・感覚的・右脳的）なものです。

これに対して管理者の態度は、現実志向（論理性・確実性・左脳的）なものです。

未来の領域にあるマーケティングは、現実志向の管理的態度で判断することはできないのです。

ポストイットで有名な3Mでは、近年、良いアイデアが出てこなくなっています。マネジメント陣が、論理性・確実性を求めてしまうため、アイデアが出にくくなり、マーケターの頭が硬直化してしまっていることが理由の一つです。論理性・確実性を求める管理的態度は、マーケターを殺します。

「（現実志向では）成功するかは誰も分からない。でも君の言う未来のプランには、何かわくわくした可能性を感じるところがある。市場にテストして、お客様の答えを聴いてみようか？」

これがマーケターに対する、管理者の創造的な態度です。

ポイント

マーケターは未来・右脳・感覚志向であり、すべてのマーケティングプランは仮説、テストである。
・マーケティングは未来に対する取り組みである。論理性・確実性とは正反対のものである。
・論理性・左脳の管理者の現実志向は、マーケターを殺す。

②マーケティングでは、いきなり大きなプランは実践しない

マーケティングは、未来に対するテスト（仮説）であるため、新商品を思いついたとしても、すぐに量産してはいけません。一店舗で、できるだけ小さくスタートし、市場の反応を確認しながら進めます。結果として市場に受けず、在庫の山になっては大変です。小さく試し、いけると分かった後に大きく展開するのです。

ポイント

・マーケティングの答えは市場にしか分からない。小さくテストし、検証していく。

経営者は、組織の視点を外部に向けさせ続けよ

組織は成果を上げなければならない

組織が成果を上げなければ、社会は不安定化し、戦前のように、ファシズム・全体主義・戦争の悪夢へと駆り立てられてしまいます。ドラッカーが唱えるように、現代社会では、経営リーダー(起業家)こそ、自由主義の砦、現代社会の平和を守る真のリーダーです。

リーダーは、「組織をして高度な成果を上げさせる責任」を持ちます。

人・モノ・金という社会の資源を活かし、社会に貢献する責任を引き受けるからこそ、あなたがリーダーである正当性があるのです。

では、どのように組織を成果志向にしたらよいのでしょう。

はじめに、成果はどこにあるかを考える必要があります。成果は会社の中には1つもありません。成果は市場・顧客のもとにしかありません。会社の中にあるのは唯一、コストです。

極めて重要な事ですが、成果は外部にしかないのです。

リーダーは、組織の視点を外部に向けさせる必要があります。

会社は、変化する外部に適応するために存在します。変化に適応できない会社は存在できません。しかし社内のメンバーは、安定を求め、変化を嫌います。

この性質を理解し、リーダーは自らの居場所を外部(市場)に置いて、内部志向に陥りがちな会社を外部志向(市場志向)に、つくり変えていく必要があります。外部(市場・顧客)が変化を繰

り返してやまない中、会社が何年も変わっていないとしたら、退化しているということです。

メンバーの視点を外部に向け、外部への貢献価値を高めることがマーケティングカンパニーのリーダーの姿勢です。リーダーの視点は常に、会社の外（市場・顧客）に置かなくてはなりません。リーダーだけが、外部（市場）と組織内部をつなぐことのできる存在なのです。

市場は変化してやまないが、社内は内部志向に陥り、変化を嫌う。
経営者の役割は、市場の激変する空気を、社内に持ち込み、健全な混乱を起こし、外部志向（顧客・市場志向）に進化させることである。

採用・雇用もマーケティング

採用・雇用はマーケティングと同様、「働く人から見て、魅力的な企業であるか？」という視点が必要です。人材の流動性が高まり、優秀な人材にとどまってもらうことは、難しくなっています。やりがいのある仕事を与え、優秀な社員に貢献し続けてもらうことが重要な課題です。

マーケティング（Ｍａｒｋｅｔ＋ｉｎｇ）の視点とは、顧客視点から見て企業の魅力を高めることです。

採用においては、顧客は学生・転職者です。彼らから見て、自社で働くことが自己実現につながるか。また、生産的な仕事（生産的とは、わくわくし、やりがいのある仕事という意味）があるかという点で、競合より優越する必要があります。マーケティング視点で、採用・雇用を進めるための、7つのポイントは、以下の図のとおりです。

この質問に、採用にかかわる全社員が答えられる必要があります。採用・雇用は、「マーケティング」なのです。自社の魅力を存分に伝え、他社に優先して選ばれる採用戦略を実施する必要があります。

上司・部下の信頼関係もマーケティングである

社員・部下に対するリーダーシップもマーケティング（部下目線）が重要です。

リーダーの影響力を高めるときには、社員さんへのマーケティングが不可欠です。

リーダーシップとは、相手に対する影響力＝人を動かす力です。相手を理解するほど、相手に対

**採用・雇用をマーケティングの視点から捉える
7つのポイント**

①わが社はいかなる人材を求めているのか。
その人材はどこにいるのか？………**【理想の人材・ターゲット人材】**

②わが社で働くことにはどんなメリットがあるのか？
………………**【顧客である人材にとっての価値】**

③他社と比べてどう違うのか？　なぜわが社でなくてはならないのか？
…………………………………………………**【差別化】**

④挑戦を鼓舞させるような明確なビジョンがあるか？…………**【鼓舞】**

⑤成長に向けて、挑戦し、最高の自己実現をできる支援制度はあるか？
…………………………………………………**【成長】**

⑥与えられる仕事は生産的な（価値・意義のある）ものか？…**【大義】**

⑦有能さだけでなく、理念に合う人材か？……………………**【使命感】**

（②〜⑥：**求める人材からの視点**）

※②〜⑥は求める人材からのマーケティング目線で考える。

して強いリーダーシップをとることができます。リーダーシップとはマーケティングなのです。

軍隊の上官が訓練で最初に行うのは、部下に信頼を植えつけることです。そして、信頼を得るためには、部下を深く理解する必要があります。リーダーが、社員を深く理解することに務めて、はじめて社員の心に火が灯ります。

パナソニックを築き上げた松下幸之助氏は、新入社員の言葉にもよく耳を傾けていたそうです。「松下に何か問題はないか？　君が活躍する上で障害になっているものはないか？」と聞いたのです。

自分のリーダーシップに課題を感じる場合には、社員さんと深く話し合う場や面談を行い、深く理解するように心がけて下さい。相手の話をじっくりと聴く（理解する＝マーケティング）だけで、リーダーシップは高まるのです。

デール・カーネギーは人間関係の名著『人を動かす』（山口博訳／創元社　２００１年）で、人に動いてもらいたいと思ったら、「人に誠実な関心を寄せる」ことの重要性を指摘します。

人は自分に関心を寄せてくれる人に好意を寄せ、この人のために頑張ろうと思う生き物です。優秀な人に、自社にとどまり続けて、生き生きと成果を上げ続けてもらうためには、わが社はどうあるべきか？　マーケティングの観点から、この重要な課題を考えて下さい。

企業は人です。人こそが最大の財産であり、偉大な成果を生む源（リソース）なのです。

これからの雇用関係は、理念によって惹きつけることが重要

経営の将来において、優秀人材を確保し続け貢献してもらうには、ボランティア組織の精神が必要になると、ドラッカーは言います。たとえ無報酬でも、組織の使命に惹かれ貢献したいと望む人が、ボランティアです。

私の友人は、世界的なIT企業から国境なき医師団に転職しました。別にお金に困っていたわけでも、職場に不満があったわけでもありません。しかし、一生を捧げるビジネスとして、より意義のあることをしたいと、国境なき医師団の理念に共鳴し、スタッフとして活躍しています。給与も当時よりは低いでしょう。しかし、彼には、お金以上に大切な「大義」があるのです。人生を賭けるに値する大義を、組織が提供してくれるのです。

待遇で人をつれば、より良い条件のところがあれば去っていきます。しかし、人生・仕事の意義、(つまり、仕事が人生を賭けるに値する意義のあるものであるということ)を求心力とした場合には、経済的対価がなくても人は身を投じるのです。人間は人の役に立ちたい、意義のあることを成し遂げたいと願う社会的な生き物であり、経済的合理性のロボットではないのです。

人は人生において、価値のある物事を為すために生まれ、働き、生きるために大義を必要とします。働く仲間に対して、「あなたの組織が与える大義、自己実現のための生産的な仕事は何か?」。この答えを、リーダーとして、真摯に考え抜いてみて下さい。

歴史上の偉大なリーダーたちは、大義を持ってメンバーの魂に火をつけ、偉業を成し遂げました。人はお金のためではなく、誇りのためであれば死もいとわないのです。人生に、働くことに、誇り

を必要とするのです。

あなたの会社で働くことが誇りあること、そして、誇りあるものの一員であることを必要とするのです。

参考：P・F・ドラッカー『明日を支配するもの』編訳：上田惇生／ダイヤモンド社　23ページ　1994年8月18日　第3版

顧客をモチベーションの源とせよ

社員さんの働きがいを何に感じてもらえばよいのでしょうか。給与・待遇・仕事の性質・職場の人間関係、いろいろありますが、企業は社会に貢献するからこそ存在意義があります。自己の仕事を通じて、顧客に貢献することを一番の働きがいにする必要があります。

「顧客をモチベーションの源とする」ことができるのが、強い会社です。

以下はクライアントのアウトドアメーカーの事例です。


〈事例〉顧客をモチベーションの源とすることで、士気が圧倒的に上がった

メーカーの製造工場ではパートの女性が多く働いていたのですが、士気が低く、残業は嫌だ、そして土日出勤なんてとんでもない！　という状態で、社長は困っていたそうです。そこで、一計を案じました。工場に顧客を招き、交流パーティーを開いたのです。パートは、顧客と接する機会をはじめて持ったそうです。顧客が商品を使って楽しんでいる話、新商品を心より楽しみにしている話を聞くにつけ、パートの心に火が灯り始めます。

「日頃何となくやっている仕事が、お客様に心から感謝していただいている……新製品を心待ちに待つお客様がいる……なんてうれしいことだろう」となり、がぜん仕事にやりがいを感じて、平日の残業どころか、土日出勤もいとわない風土に変わったのです。

人が一番働きがいを感じるのはどんなときでしょうか。

それは、顧客に感謝されたときです。

給与・待遇で惹かれた社員は、より良い条件があれば去ります。しかし顧客のために頑張ろう、いい仕事をして社会に感謝されよう！という「崇高な動機」に導かれた社員は、身を削っても働いてくれるのです。「顧客をモチベーションの源とすること」が組織を活性化させる鍵です。逆にやる気を失っている人は、顧客との接点が薄くなっています。顧客に直接会ってもらい、褒めてもらったり、心を顧客に向ける機会をつくって下さい。

ポイント

・顧客をモチベーションの源とせよ。
・モチベーションの上がらない社員のために顧客との接点をつくる。
（会社のためでなく、お客様の信頼のためなら、人は徹夜もいとわない）

［原則］2 変革・進化の原則

古きを捨て、新領域に挑戦せよ
未来志向でイノベーションの
断絶を飛べ

イノベーション
カンパニー

■過去を尊重しつつも、陳腐化した成功体験は捨て去り、未来へ挑戦する文化を、新たに築き上げよ。

■自ら未来を創り出さないものに、機会が訪れることはない。

■古くなったものをまず廃棄せよ、それからが新たなチャレンジだ。

イノベーションカンパニーを実現する

イノベーション＝変革思考

古きを捨て、未来に挑戦せよ！　未来志向でイノベーションの断絶を飛べ！

企業は継続的に進化し、質的に向上していく必要があります。なぜならば、人類は絶えず進歩し、市場も絶えず変化していくからです。市場が変化しているのに、組織が同じままでは、事業は退化していることになります。リーダーには、成功体験にとらわれずに、外部の市場に合わせ、自社を創り変えていく変革思考が求められます。

この章のコンセプト

変転する顧客・市場に合わせ、変革・進化し続ける会社

■効果

新商品・サービスが開発される未来志向の組織になる。

■経営者は何を実現するのか？

全社員がイノベーションを理解し、推進できる仕組みを創る。

■実施手順

(1)イノベーションの定義を全社員が理解する。

(2)陳腐化したものを定期的に捨てる仕組みを持つ（定期的廃棄システム）。

(3)顧客視点で、イノベーション・改善を推進できる仕組みを持つ。

■実践ツール

(1)廃棄会議

(2)イノベーション発想会議

(3)顧客から始めるイノベーションワークシート

イノベーターは常識に挑戦するリーダー

イノベーターの在り方について、具体例を軸に見てみましょう。

義足という、コンプレックスともなりかねない身体上の特徴を逆手にとる挑戦的なイベントが開催されました。義足を使用している人によるファッションショーです。出演者は足の露出する艶やかな衣装を身にまとい、義足を露わにまるでサイボーグのように格好良くステージで舞います。彼女らは自らを義足女子と名乗り写真集まで出しているのです。

義足＝隠すものから、義足＝魅せるもの・個性、格好の良いものというこの意識の転換！

このような常識への挑戦こそ、真に世界を変えるイノベーションの本質があります。

「常識を疑い、世の中に不自由・ギャップを見つけ出し、克服せよ！　新たな価値を生み出し、世の中を幸せにすることこそが起業家の使命である」私の魂にはこのように響きます。

自らのハンディキャップを逆手にとる、そのような意識の転換こそ、イノベーターが持つ勇気、そして挑戦です。イノベーターが与えるもの、それは起業家として、また人間として、世界をより幸せにするための本当の勇気です。


スティーブ・ジョブズの考えるイノベーションリーダー（アップル社の伝説のCMに見るイノベーターの魂）

１９９７年のアップルコンピュータの広告も、イノベーターのスピリットを印象的に意識づけてくれます。スティーブ・ジョブズがアップル社の気概を示した伝説的な広告です。
「クレイジーな人たちがいる……彼らはクレージーだと言われるが　私たちは天才だと思う
自分が世界を変えられると本気で信じる人たちこそが　本当に世界を変えているのだから」

イノベーターは規則を嫌い、現状を肯定せず、己の信念を固く信じて、世の中を変えていきます。イノベーターの行動は、時には、おかしいんじゃないかと世間の誤解を招くこともあります。しかし、そんな中でも、気概を持ち自分の未来を信じてやまない人間こそが、世の中を変えていくのです。

そんな内容を、時代に挑戦したイノベーターたち（ピカソ、アインシュタイン、ガンジー、キング牧師、マリアカラスほか……）の映像に合わせジョブズが淡々と語るのです。

あなたの挑戦にインスピレーションが降り、勇気をくれる映像です。

イノベーターとは何か？　イノベーターとは「常識を疑い、挑戦する者」なのです。

音楽・感性世界が教えるイノベーターの姿

私は音楽家でもありますが、新ジャンルの音楽（ジャズ・ロック・クラブ音楽）も始めはすべて、奇形として世の中に姿を現しました。出始めは、皆から忌避され、揶揄（やゆ）されます。しかしイノベーター（クリエイター）たちはそんなことは気にしません。自分の求める世界こそ真実だという信念があるからです。イノベーターは、「世の中に合わせ自己を追従（屈服）させるのではなく、反対に、自己を強く信頼するあまり、自分に合わせて世の中を創り変えよう」とします。時には無謀であったり、傲慢であったりします。世界にとっては、イノベーターは異常値、奇形として誕生するのです。

しかし、人類を進歩させてきたものは、ほかでもないイノベーター（勇者）たちであることを忘れてはなりません。これまで見たことのないような世界を、勇気を持って創造することに真価があるのです。
あなたのアイデアが周囲から非難され、揶揄されるような時こそ、あなたが革新的であることの証明なのです。

イノベーションの本質とは何か？

事業の目的は自社のファン（顧客）を創り続けることです。そのために、経営は2つの機能を用います。マーケティングとイノベーションです。

マーケティングとは、顧客の目線になり、顧客を深く理解することです。

イノベーションとは、新聞などでは技術革新と訳されていますが、より簡単に言うと、マーケティングで分かった顧客のお困りごとに対して新商品・サービスを創り出すことです。

まず、顧客を知るというマーケティングがあり、その後、イノベーションを起こしていきます。

変化する市場においては、継続的にイノベーションを起

マーケティングとイノベーションを用い、
ファン（顧客）を創造することが経営（マネジメント）

ファン（顧客）の創造
企業のやるべき唯一のこと

①マーケティング
顧客を深く理解する
競合を知る
変化を捉え、機会とする
脅威も機会に転ずる

経営
（マネジメント）

②イノベーション
マーケティングで分かったことに対して新たな経済的価値で応える

こさなくては、企業は生き残ることはできません。

では組織では、イノベーションが頻繁に起きているでしょうか？　実はそうではないのです。なぜなら、人間の本質は、変化を嫌い、安定を求めるからです。実際にはイノベーションは起きにくいのです。イノベーションの最大の阻害要因は、これまでの成功体験・業界の固定観念（常識）です。

そのため、イノベーションを起こすためには、第一にこれまでの成功体験・業界の固定観念を疑い、定期的に捨てていく必要があります。

ドラッカーも、イノベーションの第一目標は廃棄することであるといっています。

参考：Ｐ・Ｆ・ドラッカー『イノベーションと企業家精神』訳：上田惇生　ダイヤモンド社　１７３ページ　２０１１年　第８刷

廃棄会議を開き、組織の中に定期的な廃棄システムを持つ

月に一度、廃棄会議を開きます。これは部署メンバー８人くらいがよいでしょう。

既に社内で、必要なくなった書類、制度、取引のない顧客、古くなった考えなど、陳腐化したものを持ち寄り、片っ端から捨てていきます。まず、一度止めて取り置いておき、数カ月弊害が出なければ、本当に廃棄してしまいます。廃棄することからイノベーションはスタートします。

組織の新たな取り組みが成功しないのは、イノベーションに問題がある

書籍・セミナーから新たなアイデアを得て、自社の取り組みとして実施しようとしても、続かずたち消えになってしまうことは少なくありません。

最大の理由は、イノベーションに問題があるからです。組織のメンバーの状態をコップだとすると、コップの水がどこまで注がれたレベルで頑張っているでしょうか。毎日１００％、それどころか限界を超え仕事があふれている人がほとんどです。

コップをまず半分空にして、その後新たな取り組みを

普段の仕事で一杯になっているところへ新たな取り組みを入れても、満杯のコップから水があふれてしまうように、長続きしません。リーダーは、新たな取り組みの前に、コップの水を減らす（古くなり、役に立たなくなったものを捨てる）必要があります。そして、生じた空白で、新たな取り組みを行うのです。

スティーブ・ジョブスも、瞑想を行い、古くなった考えを捨てていた

アップル社のスティーブ・ジョブスは、瞑想（めいそう）を習慣にしていました。瞑想とは、雑念・とらわれを思考から追い出し、空（ゼロ）の状態にしてインスピレーションが降りるのを待つことです。

イノベーションも同じです。まず空を創り、その空に新たなインスピレーション（取り組み）が降りてくるのです。古くなった考えを定期的に捨て、初めて新鮮な思考を保つことができるのです。

このように、イノベーションを起こすためには、古くなったものを定期的に捨てる「定期的廃棄」が必要です。

イノベーションの目標として「定期的廃棄」を意識し、廃棄会議を実施します。

ポイント

- イノベーションの最大の阻害要因は、これまでの成功体験・業界の常識である。
- 組織内の陳腐化したあらゆるもの（商品・サービス・仕組み・制度・書類・顧客・考え方）を、廃棄会議で捨て去っていく（定期的廃棄）。

成功体験を捨てよ。経験に埋没することの恐ろしさ

イノベーションの大敵はこれまでの成功体験・業界の固定観念です。イノベーターは、成功体験を捨て、業界の常識を疑います。人間は成功体験の上に成り立ち、失敗は排除し、生きていく生き物です。そのため、成功体験を捨て、経験から離れて考えることは、とても難しいことなのです。

「経験にとらわれない重要性」について1つエピソードを紹介します。あるホスピスの話です。死を待つ病棟に、モルヒネで痛みを緩和するしかない末期癌（がん）患者さんがいました。

ベテランの看護師がなすすべもない患者さんに起きた奇跡

そのおばあさんは、いつも深夜になると痛みにうんざりして、ナースコールのボタンを押し、もう死にたい、殺してくれと言うのが常でした。ベテランの看護師も、はじめは話しを聴き、対応していましたが、なすすべがなく、いつものことだからと、呼ばれては話を聞いてあげるだけの日が続きました。

病棟に、実践経験のほとんどない研修生がやって来ました。ある晩、他の看護師が忙しい時に、その患者さんからのナースコールがありました。研修生は、焦りながら、ベットに駆け寄ります。しかし、なすすべがないことは研修生も分かっています。痛い、死にたい、殺してくれともらすおばあさんを前に茫然(ぼうぜん)としました。

ところが、突然、何を思ったか、洗面器一杯に湯を入れ、おばあさんの傍らにつきました。そして、おばあさんの足を洗いはじめたのです。

不思議なことが起きました。今までわめいていたおばあさんが、静かに気持ちよさそうに、研修生のマッサージを受け始めたのです。

足を洗い終わった後、おばあさんは言いました。「ありがとう……私……もう死にたいなんて言わないわ」

おばあさんの心に何がよぎったのかは分かりません。幼い頃に母親にたらいで体を洗ってもらった、楽しい記憶を思い出したのかもしれません。しかし、とにかく次の日からおばあさんの悲痛なナースコールはなくなったのです。それどころか、おばあさんの顔には柔和な笑顔が戻り、最後まで平穏な日々をおくられたのです。

この話は何を教えてくれるでしょうか。ベテラン看護師に全く救えなかったおばあさんの心を、経験のない研修生が救ったのです。看護師に技量がなかったわけではありません。

この事実が教えてくれることは、研修生は、これまでの経験という「思考のとらわれ」がないからこそ、新しい問題解決のアプローチを提供できたということです。また、人間の思考がいつのまにか経験に埋没してしまい、思考停止に陥ってしまうことの恐ろしさを教えてくれるのです。

イノベーションも同様です。これまでの成功体験を疑い、捨てることから新たなアイデアが生まれるのです。思考のとらわれを捨て、ゼロベースでビジネスに対峙（たいじ）した時に、新たな問題解決（ブレイクスルー）が見えてくるのです。

ポイント

・あなたがとらわれている経験（業界の常識・固定観念）は何か？
・それを捨てたら、何が起きるか？

イノベーションを起こす7つの機会を活用する

ドラッカーのイノベーションを起こす7つの機会は、事業機会を捉える7つの視点でもある

イノベーションを起こす機会を捉えるために、ドラッカーが「イノベーションと企業家精神」（P・F・ドラッカー著／上田惇生訳／ダイヤモンド社）の中で述べている7つの機会を具体的に分析します。

イノベーションを起こす7つの機会

①予期せぬ成功
②ギャップ
③プロセスニーズ
④市場と業界の構造変化
⑤人口構造の変化
⑥価値観・認識の変化
⑦新しい知識

この7つの視点は、市場（顧客）の変化を捉えて機会を創る、7本のアンテナだと思って下さい。

組織メンバーがこの7つの視点で、変化を〝意識的に〟捉え、機会とすることで、新商品・新サービスが創造できます。

①予期せぬ成功

ここ半年くらいに「予期しなかった」問い合わせや受注がありませんでしたか?

予期せぬ成功は、企業に、まだ見えていない市場（顧客）の変化を教えてくれます。その変化が、新事業創出の機会となるのです。

・予期せぬ成功があった時

・これまでいなかった変わった顧客が現れた時

・これまで聞いたこともないような問い合わせがあった時

このような問い合わせは徹底的に分析する必要があります。なぜそのような問い合わせをするのか、徹底的に顧客に聴き、分析・調査します。

〈私の事例〉

私の主催するドラッカー経営のセミナーに大学3年生が参加したことがあります。

通常、この講座は経営者が対象です。その中に、1人だけ若い学生がいるのははじめは不思議な光景でした。なぜ経営者向けのセミナーに大学生が参加したのか？　その理由が知りたくなり、その学生に聞いてみました。するとその学生はこれからの就職活動に備えてドラッカーを学び、会社・経営への理解を深めたいと思い受講したとのことでした。

この「予期せぬ顧客」が私に教えてくれたことは、全国の大学の就職課を回り「就活に役立つ・大学生向けドラッカー経営セミナー」を売り込むとヒットするかもしれないという事業の新しい機会です。

予期せぬ顧客が教えてくれるのは、企業がまだ気づいていない、既にある市場・顧客の欲求なのです。

②ギャップ

ここで言うギャップとは、企業の考える現実と顧客の理想に隔たりがあることです。

少し前、ＬＣＣ（格安航空会社：ローコストキャリア）の飛行機が登場した時のことを考えてみて下さい。ＬＣＣが出る前はどの航空会社も、フルサービスの高い料金で運行していました。しかし、顧客の中にはサービスはいらないから、低料金で移動したいという欲求がありました。そのギャップをついてＬＣＣが登場し、一気に広まりました。顧客の求める理想と企業の現実に差があれば、新事業の機会があります。

③プロセスニーズ

企業から顧客に届くまでのプロセス（工程）のどこかにボトルネック（弱点）や断絶した箇所があればそれを解消するだけで新たな事業機会となります。

あなたは眼鏡を通販で買ったことはありますか？

眼鏡は一見恰好良くても自分の顔の形と違っていたり、職場に持っていくと雰囲気に合わなかったりするため、いつも着る服を着て眼鏡屋さんに行って購入するのが普通です。しかしある眼鏡メーカーが、眼鏡の試着サービスというものを始めました。会員に登録して数本自分に似合いそうなフレームを注文すると、自宅に送られてきて、眼鏡を試着できます。その中から気に入ったものだけを買うことができるのです。

通販の眼鏡の弱点である「もし届いて、似合わなかった時にどうしよう」という点をくつがえすこの試着サービスは大きな注目を浴び、通販で手軽にフレームを買う人が増えました。

事業のプロセスのどこかに弱点や断絶がある場合、それを解消すれば新たな事業機会となります。

④市場と業界の構造変化

業界の中にいる人は業界構造は堅固で変化しないように感じます。しかし、この業界の構造というものは外部の参入者によっていとも簡単に瓦解してしまう脆（もろ）いものです。

例えば、アマゾンがネット上で本を売り始めた時、多くの書店は「ネットで本を買う人なんているわけない」と笑いました。しかし、実際にはそうした書店の多くがアマゾンによって売上げを奪われ、きびしい立場に立たされていきました。業界構造というのがいかに脆いものであるか、このことから見て取れると思います。

昨今の業界の変化で、特に顕著なのはインターネットの登場による流通の変化です。

卸を通しているメーカーであれば、インターネットを利用し直接ユーザーとの接点を得ることで、販売するチャンスが生まれます。また、現在は、セブンイレブンのような小売業が、顧客との接点が強く、メーカーよりも顧客を深く理解しているために、製造メーカーを従わせ、自社ブランドをメーカーに製造させているようなケースも生まれてきています。

スマートフォンで多くの顧客を持つアップル社も、自社での製造工場は持ちませんが、その圧倒的なマーケティング力で顧客を惹きつけ、顧客の圧倒的な支持を得ています。

この事実は以下の教訓を示します。

【業界の構造変化】

マーケティングの優劣が企業の勝敗を決める時代になっている。

つまり**顧客との接点を強化し、いかに顧客に近づけるか、いかに顧客を深く理解できるか、**というマーケティングの優劣が、ビジネスの勝敗を決める時代になっているということです。

⑤人口構造の変化

ドラッカーは、「人口構造とは〝既に起きた未来〟のことであり、数年後、また数十年後に明らかに事業に影響を及ぼすと分かっているにもかかわらず、多くの企業が事業戦略に人口構造の自社への影響を考慮していない」と言っています。

参考：P・F・ドラッカー『イノベーションと企業家精神』訳：上田惇生　ダイヤモンド社　94ページ
２０１１年　第８刷

最近、大手予備校の代々木ゼミナールが多くの校舎を閉めました。これは、現在の出生人口が１００万人に満たないことから考えれば、妥当な経営判断と言えます。

人口構造の変化が自社の事業にどのような影響を及ぼすか考察してみて下さい。

〈事例：少子化という変化（脅威）を機会に変えたガリガリ君〉

ガリガリ君というアイスの売れ行きが好調です。以前は、アイスの主要顧客は子供でした。しかし、今や大人まで楽しめるようなさまざまなフレーバーを出したり、大人世代に強いメッセージを与えることで、大人の購買を増やしているのです。これは人口構造の変化という「環境の脅威までも、機会に変えた」事例です。

⑥価値観・認識の変化

顧客の価値観・認識にどんな変化が生じていて、それをどう事業機会に取り込めるかを常に考える必要があります。

例えば今のコンビニには常温ドリンクの棚があります。常温販売は、冷えすぎた飲料は体に良くない、と考える健康志向の人をターゲットにした商品の新たな売り方のイノベーションです。

イノベーションを起こす時の一番の阻害要因を思い出して下さい。これまでの成功体験・業界の常識です。常温販売の事例からマーケティングとイノベーションのつながりをもう一度確認しましょう。

マーケティングとイノベーションのつながりを理解する〈コンビニの事例〉

あなたがコンビニの店長をしているとします。突然、予期せぬ成功（これまでなかった変わった客）が現れます。冷えた飲物ではなく、裏の倉庫から常温のジュースをそのまま売って下さいと言うのです。

もしマーケティングとイノベーションの理論を意識していない場合は、ジュースは冷やして飲むのが当たり前じゃないか（＝業界の固定観念）と感じ、「変わったお客様だ」で終わりかもしれません。

しかし、「予期せぬ顧客（変わった顧客）が来たら徹底的に分析せよ」ということを踏

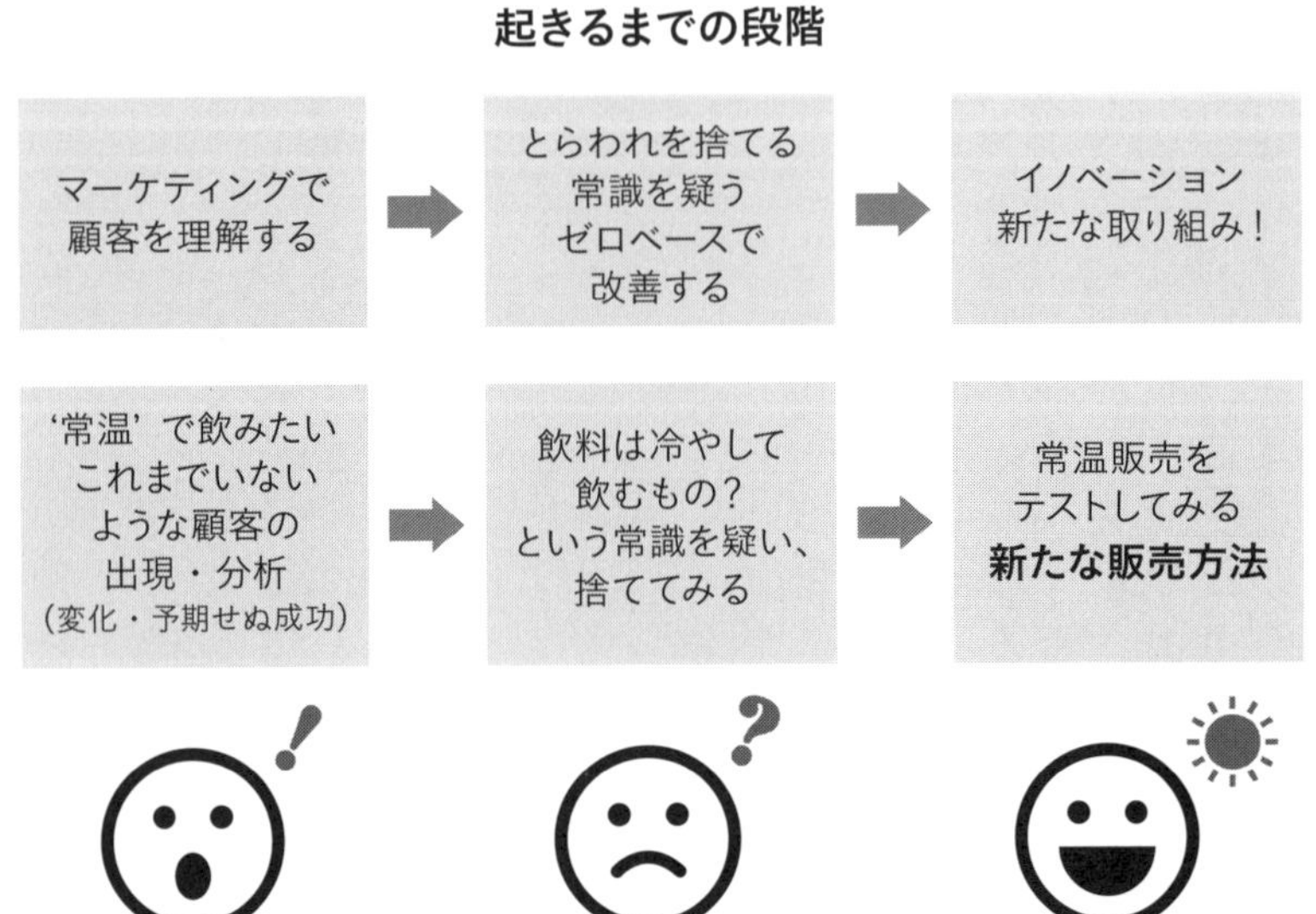

まえていると、「なぜお客様は常温で欲しいと言うのだろう？→顧客に直接聴いてみよう！」となり、顧客の意識が健康志向になり常温販売の需要が高まっている「変化」を「機会」とし新たな売り方に踏み込むことができます。他店に先んじ、健康志向の顧客の需要を取り込むことができるのです。

このシンプルな事例が教えてくれるように、まず顧客を深く理解（＝マーケティング）して次に、顧客について分かったことをもとに常識を疑い、業界の固定観念を捨てること（＝イノベーション）で新たな商品・サービスは創造されます。

⑦新しい知識

これはインターネットの発明を利用したアマゾンや、医療のｉＰＳ（再生）細胞の発明を利用した新薬開発などといった大企業・研究機関に向いていて、中小・中堅企業には利用しにくいものです。

イノベーションの７つの機会は①→⑦と番号が増えるほど利用することは難しくなります。⑦の「新しい知識」ではもちろん研究開発・新たなアイデアからビジネスが生まれることはありますが、確率的には低いものです。

イノベーションの７つの機会は、市場の変化を捉えるための「マーケティングの７つの機会」です。前章でも述べたように、イノベーションにおいても全社員に、マーケターとして、外部の変化を捉える視点を持ってもらうことがとても重要です。それは、組織が圧倒的に、機会志向に進化するということです。

変化を積極的に捉え、機会を追求するマーケター集団へ進化した組織だけがこれからの時代の変化を利用し、成果を上げることができます。経営者は、マーケティングやイノベーションを機能させ、顧客を創造し、組織を圧倒的な顧客志向・機会志向へと進化させるのです。

ポイント

・ドラッカーのイノベーションを起こす7つの機会は、新商品・サービスを創るための市場の変化を教えてくれる「マーケティングの機会」である。
・イノベーションを起こす7つの機会を活用することで、新商品・サービスを実現することができる。特に、「予期せぬ成功」は既にある市場・顧客のニーズを教えてくれるので、新規事業が成功しやすい。
・全社員が、変化を機会とするマーケターとなり業界の常識、これまでの成功体験にとらわれずに新たな革新を起こすイノベーターとなる時、組織は機会志向へと進化し、成果を生み出すことができる。

7つの視点で事業機会を創り出す、イノベーション発想会議

7つの視点を組織に仕組みとして定着させるためには、イノベーション発想会議を行います。次のシートを参考に、新聞・ニュース・市場・顧客等、外部環境の変化を7つの視点で捉え、どのように事業機会に変えられるかを組織で話し合います。

７つの視点から事業機会を作り出す・イノベーション発想会議

イノベーションの７つの機会は、
事業機会を捉える、マーケティングの７つの視点である。

７つの視点	市場・ニュースより注目すべき出来事は？	わが社において事業機会とするためにはどうするか？
【１】予期せぬ成功		
【２】ギャップ		
【３】プロセスニーズ		
【４】市場と業界の構造変化		
【５】人口構造の変化		
【６】価値観・認識の変化		
【７】新しい知識		

イノベーション発想会議を繰り返し、組織を「機会志向」の組織へと進化させます。

顧客から始めるイノベーションワークシートの活用でイノベーションを継続的に起こす

企業はどのようにして、市場に未来のイノベーションを創造していけばいいのでしょうか。

１９７６年に生まれた宅急便のサービスが開発するまでは、スキー便やゴルフ便はありませんでした。皆がスキー板を持ってバスにのったり、電車でゴルフバックを運ぶといったことは日常の風景でした。しかし、今はそのような風景はありません。宅急便がスキー便、ゴルフ便というサービスを開発してから、物流の世界は全く変わってしまったのです。

イノベーションを起こす時、未来のことは分からない……これは大切なポイントです。

我々は3分後何が起こるかさえ予測することはできません。

では、企業は何をもとに、未来を予測し、新商品開発をすればいいのでしょう。そこで開発したのがイノベーションを継続的に起こせる、「顧客から始めるイノベーションワークシート」です。

イノベーションを自然に起こせる、イノベーションワークシート

①～④と番号順に記入をしていくとイノベーションが自然と起こせるワークシートができます。

先ほどの宅急便の事例で活用法を説明してみます。

イノベーションワークシートの活用（例）宅急便の開発

過去 企業視点 → **顧客から始めるイノベーションワークシート** ←

①	②	③	④
これまでのやり方（企業視点でのやり方）	**企業側の論理（自我）**	**顧客から見た、あったらいいな**	**これから取り組む、顧客視点でのやり方（利他）**
持ってこさせる	効率性・採算性	取りに来てほしい！重たくて女性には無理かも……	自社が、取りに行く
自社都合で配送する		休日にいかなければ……	顧客の時間指定（※配達ロスが減り効率向上）
生ものは扱わない		採れたての新鮮なものを、東京の孫に食べさせてあげたいな……	クール便
非効率なものは扱わない		電車でかさばるんだよな。憂鬱だな……	ゴルフ・スキー便

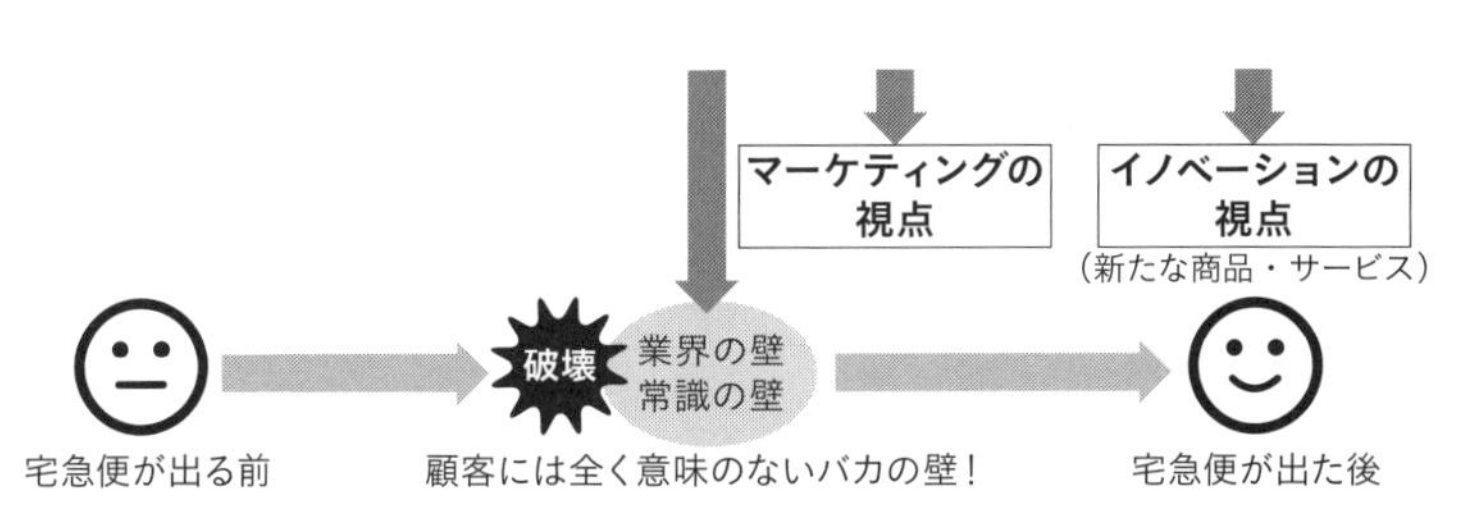

①これまでのやり方（企業視点でのやり方）

現在当然として行っている、企業視点でのサービスを記入します。

※宅急便の場合、これまで引き取りサービスをやっていないため⇓顧客に持ってこさせる。配達時間指定もなかったので⇓自社都合で配送する。クール便もなかったため⇓生ものは扱わない。ゴルフ便・スキー便もなかったので⇓非効率なものは扱わない……となります。

②企業側の論理（自我）

企業側で、現在当然として提供しているサービスの理由を記入します。多くの場合、効率性・採算性です。

③顧客から見た、あったらいいな（マーケティングの視点）

顧客視点から、現在のサービスに関する前提を抜きにして、ゼロベースでこうあったらいいなという要素を記入します。

このマスを記入する時には、既存の業界常識を徹底的に捨て、完全に顧客のわがままな視点で書いていきます。

※宅急便の場合。持ってこさせるのではなく⇕取りに来てほしい。自社都合の配送ではなく⇕時間指定で受け取りたい。生ものは扱わないではなく⇕新鮮なものを送りたい。非効率なものは

扱わないではなく⇕ゴルフクラブ・スキー板も送ってしまいたい……となります。

ポイント

・業界の壁・常識は〝バカの壁〟と言います。顧客にとっては何の意味もない、企業のとらわれを表すものです。
・顧客を無視しているバカの壁、これこそがイノベーションの一番の大敵です。

④これから取り組む、顧客視点でのやり方（イノベーションの視点）

顧客視点から見て、未来に向け最適な商品・サービスを記入します。

このマスを具体化・実践することは困難ですが、これこそが経営者の腕の見せ所です。
※宅急便の場合では、取りに行く（引き取りサービス）・時間指定サービス・クール便・ゴルフ・スキー便が誕生することとなります。

ちなみにこのシートで一番重要な枠は③のマーケティングの視点です。

顧客を起点として、いかに業界の固定観念を捨て去り、顧客にとって価値のあるサービスを提供できるか。それこそがイノベーションの鍵になるのです。

ドラッカーも「イノベーションは、市場にあって、市場に集中し、市場を震源としなければならない」と言っています。

参考：P・F・ドラッカー『イノベーションと企業家精神』訳：上田惇生　ダイヤモンド社　163ページ
2011年　第8刷

このシートを用いて私のクライアントは以下のようなイノベーションを起こしました。

〈事例〉クライアントの工事資材会社の場合

これまで資材の注文受付けは、（後に「言った」「言わない」にならないように）確実性を期して FAXでのみ受け付けていました。ところが、顧客は現場施工の一人親方が多く、早朝、作業現場に到着してから、当日の作業に足りない材料を発注するという形が多いのが現状です。

一人親方なので、再度会社に戻ってFAXを入れる時間的余裕もなく、困っているのでなんとかしてくれ！　という声も多く出ていました。

クライアントは、イノベーションワークシートに取り組み、FAXでの注文のほかに顧客の声を活かしたボイスメールを導入しました。ボイスメールなら、現場から直接注文することができ、注文の確実性も担保できます。結果として、サービス改善につながりました。顧客から喜ばれ、売り上げも向上したのです。

全メンバーの知恵を絞り、このシートを用いて、業界の壁や常識を打ち壊す、顧客視点の新たなサービスを開発して下さい。

イノベーションワークシートで、顧客視点からスタートして、既に顧客にとって価値を生まなくなった業界の壁（バカの壁）を打ち壊し、新たな商品・サービスを開発する。

イノベーションを推進するリーダーの在り方

絶えず変化する市場の中で、リーダーは、変革を常としなければなりません。しかし、イノベーションを起こそうとしても、内部に抵抗勢力が生まれ、反発があり、思うように成果を上げられないことが多いのです。

こうしたことにならないために、組織変革を行う時には次の３つのポイントがあります。

【組織変革のポイント】
①組織に健全な危機意識を与える
「変革の必要性」を認識し、共通認識として語るようになる
②変革の方向性（ビジョン）を示す
変革推進チームが向かうべき、ビジョンと戦略を掲げる
③変革ビジョンが浸透し、変革推進チームが動き始める

組織に健全な危機意識を与える

危機意識を高めるために、懸念すべき情報を、目に見える形で、メンバーに共有します。

クライアントの釣り具メーカーは、「レジャー統計白書によると、釣り人口は現在700万人であるが、毎年100万人の減少が報告されている。このまま市場を放っておくと、会社は存在できなくなり、働くことができなくなってしまう」という明白なデータを皆で共有しました。このほか、クレームを回覧する、映像で危機的な状況を確認するなど、メンバーが直感できる明解な情報を、共有しました。

変革の方向性（ビジョン）を示す

リーダーが危機意識を高めても、その後どの方向に変化すべきか、という、明確なビジョンを示さないならば、メンバーに漠然とした不安を抱えさせるだけになります。

重要なことは、危機的状況に対し、我々はどう変わるのかという将来のビジョンを、明示することです。

危機意識があって、明確な方向性が示されてはじめて、我々は新たなビジョンに向け舵（かじ）を切らなければいけないと思うようになります。企業で変革がうまくなされないのは、この2点を踏まえていないからです。

リーダーは危機感、その後の明確な変革ビジョンを確立し、周知する必要があるのです。

組織の持つ矛盾する性質を踏まえて、市場に合わせて組織を創り変えていく

リーダーは組織の矛盾する性質を理解して、意図的に摩擦を起こすことが必要です。

組織の矛盾する性質とは、組織は外部環境に適応し、変化していくために存在している一方で、組織内にできた家族的な関係性は安定を求め、変化をひどく嫌うという矛盾を抱えていることです。

外部にある市場は、絶えず変化してやまないのに、内部に何の摩擦・変革も起きていないとしたら、組織が退化している可能性があります。市場・顧客に合わせ、組織を創り変えていく意識で革新を続けるのです。

【力の言葉】

リーダーの燃える信念・ビジョンが変革を起こす導火線となる。

未来こそ機会であり、機会を得るために、市場に合わせて、組織を変革し続ける。

経営者はイノベーター脳に進化せよ

イノベーションが起きにくいもう1つの理由に脳の構造があります。

脳には、コンフォートゾーン（快適領域）があり、通常人はこの領域内で活動します。もし、年収700万円の人が来月から突然3000万円になったらどうでしょう。はじめはうれしく感じても、お金の使い道、ライフスタイルをどう変えればいいのか、逆に居心地が悪くなってしまうものです。700万円の年収をコンフォートゾーンとして生活しているため、収入がそれよりも低すぎても高すぎてもコンフォートゾーンを外れ、落ち着かない不安定領域となるのです。この時、脳は今までのコンフォートゾーンに戻ろうとします。急激にダイエットしたのはいいけれど、リバウンドしてしまう場合も同様で、日頃と大きく違った生活習慣に変えると、新領域に心身が慣れず、コンフォートゾーンに戻ってしまいます。

イノベーションにおいて、リーダー・組織が新たな取り組みをするためには、これまでと違った考え方・行動が必要となります。イノベーション領域というのは、コンフォートゾーンから外れた不安定な領域にあるものです。革新・進化している状態というのは、安定領域から飛び出して、脳が、不快な状態（ドキドキ・不安・焦り）を感じる状態です。

リーダー・組織のマインドは、コンフォートゾーンに留まることは許されません。

変化を前提とする市場において、経営に完全なバランスなどありません。常に、バランスは崩しながらとり、進化する意識が必要です。

イノベーターは常に、脳に不快な進化領域に身を置くのです。逆に言うと、脳が、常に不快領域にあるから進化しているとも言えます。バランスをとらずに、敢えて進化の領域（不快領域）に身を置き、絶えず進化をして下さい。嵐のような不快領域の中に身を浸しつつも、快適な自分の部屋にいるかのように心の調和を失わないことがイノ

イノベーションと脳科学

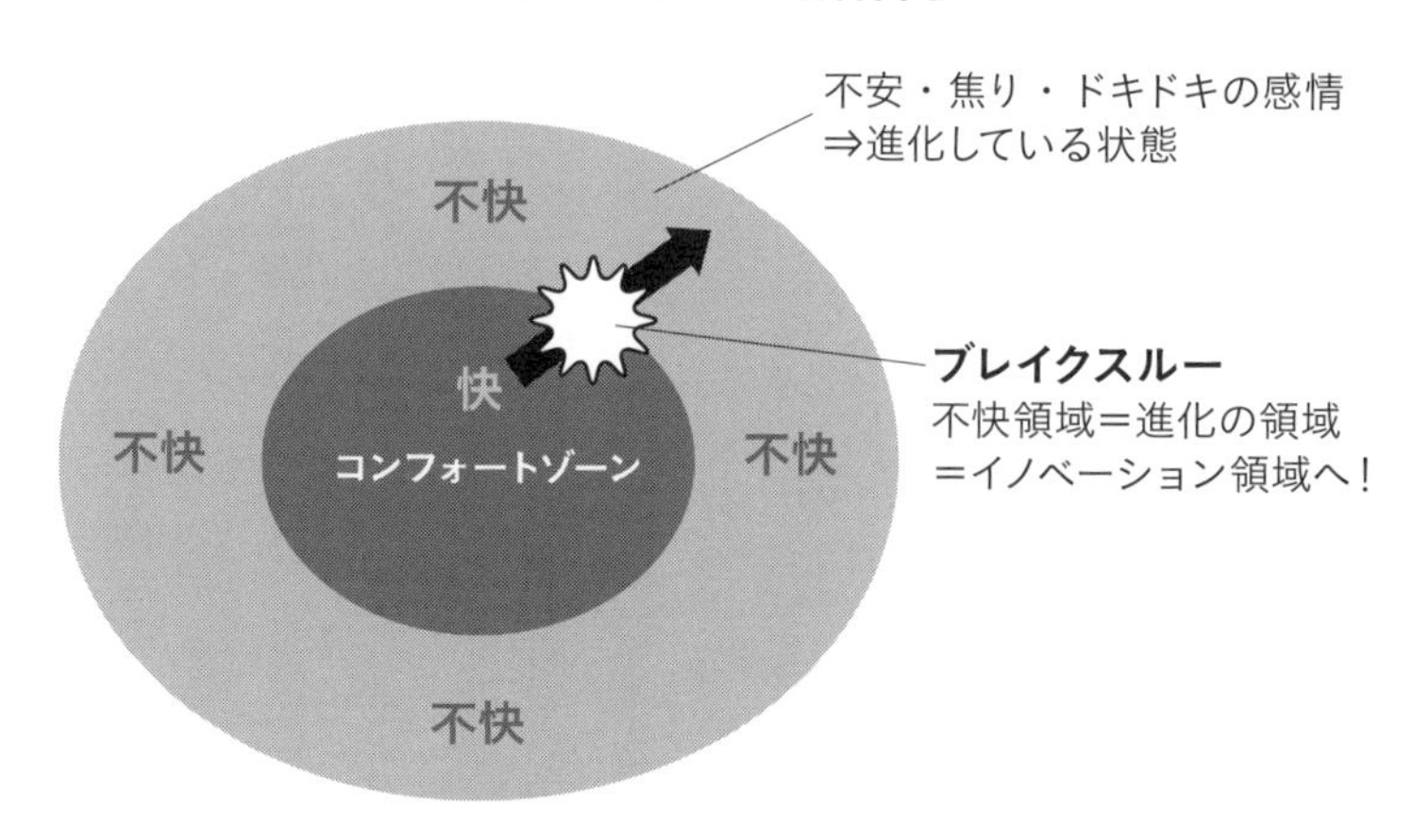

コンフォートゾーン（快・変化を拒む安定領域）を抜けて、
「進化の領域」に挑戦する

ベーターに求められる精神です。

ポイント

コンフォートゾーン（安定領域）を抜け出して、不快領域（進化）に身を置き挑戦し続けよ！

未来を直感で捉え、イノベーションの断絶を飛び越えろ！

イノベーション後の世界を捉えるために、未来からの思考が「鍵」になる

イノベーションのS字カーブというのがあります。現代のイノベーションの理論で、イノベーションは断絶して起こるという考え方です。例えば、馬車から蒸気機関車にイノベーションが起こる事例を考えてみましょう。馬車を何台集めると蒸気機関車になるでしょうか？　答え

イノベーションのS字カーブ

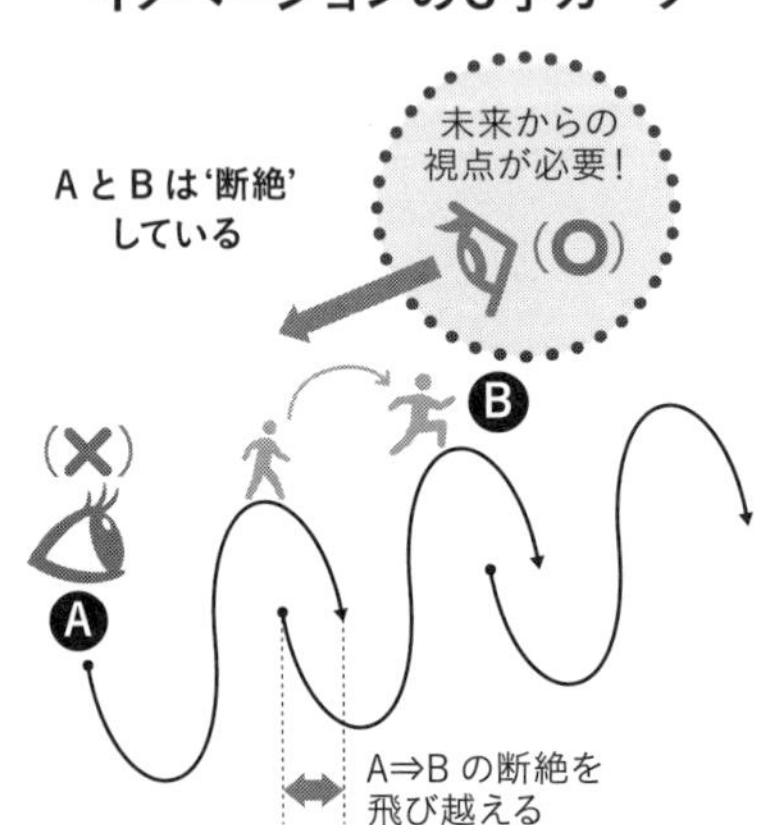

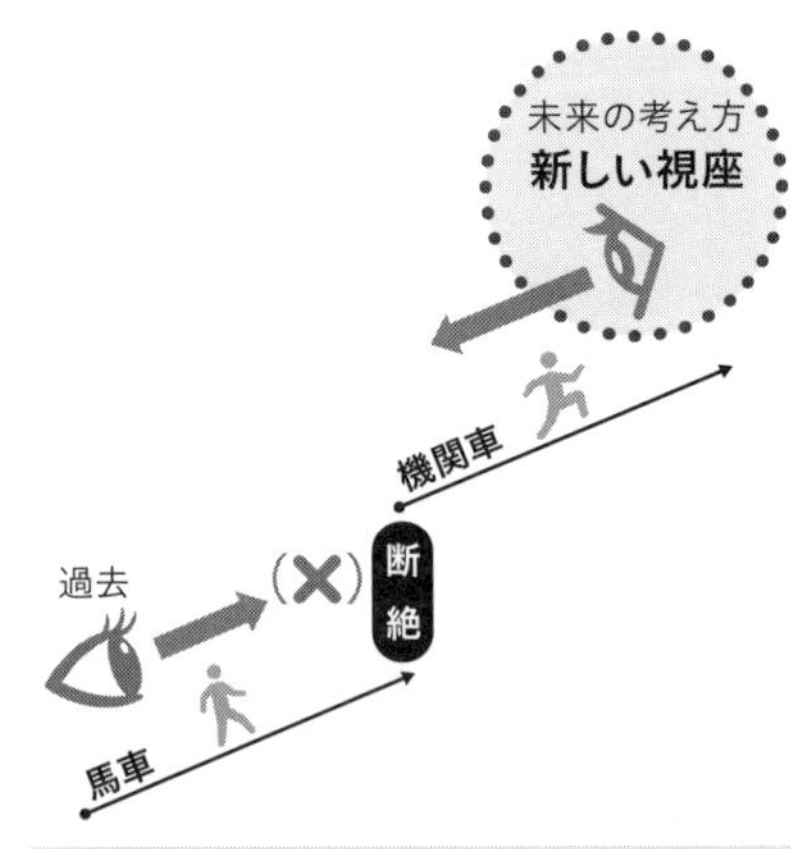

Bの領域（未来）はA（過去の視点）では見えない

馬車の考え方を100個集めても
機関車の領域にはたどりつけない！
機関車（未来）からの考え方にシフトする

は、「馬車は何万台集めても蒸気機関車にはならない」です。

つまり、馬車と交通機関のイノベーションが起きた後の蒸気機関の時代では全く別のもの、別の世界が広がっているということです。これを表すものが〝イノベーションの断絶するS字カーブ〟です。

図のように「断絶の先」に新たな世界が開けます。農業革命以前・以後の社会、産業革命以前・以後の社会でも同じことが言えます。イノベーションの後では、以前と全く違う世界、未来が生じるのです。

イノベーションの先に待ち受ける未知の世界をどのように捉えればいいのか?

我々はどのようにしてイノベーションの先の世界を想像すればいいのでしょう? まだ起こっていない未来については、人間は直感し、感じ取るしかありません。イノベーターは「直感」を大切にし、未来志向でなくてはならないのです。

20世紀最大のイノベーターの一人であるアップル社のスティーブ・ジョブズも、「直感し、心が正しいと〝感じるところ〟を大切にせよ!」と言います。

断絶の先の未来は、起業家の磨き抜いた直感でしか受け止めることはできません。

重要なことがあります。組織を変革して新たなイノベーションを起こそうとする時は、馬車のままの古いマインドでは、蒸気機関車が走る未来の世界には行けないということです。つまりイノベーション後の世界へ行くには、これまでの考え方の延長線ではたどりつけないということなのです。

それでは、どうすればいいのか？

ドラッカーは著書の中で「未来を知る方法は2つある」とし、「1つは自分で未来を創り出すこと、そしてもう1つは既に起きた未来を知ること」としています。

参考：P・F・ドラッカー『変革の哲学』編訳：上田惇生　ダイヤモンド社　29ページ　2003年8月28日第1刷

これを簡単に言うと、1つめは自らの直感に従って未来を創ることです。そして、2つめの「既に起きた未来」を知るとは、顧客からの今までになかった新たな問い合わせや人口構造の変化など、将来確実に影響が表れてくるが、現在はその片鱗（へんりん）が見えるにすぎないものを知るということです。

イノベーションは断絶カーブの先にあり、その先に向かい飛び越えるためには、今までと全く違った、「未来からの視座・断絶の先のマインド」が必要とされるということを踏まえて下さい。

「イノベーションとは何か？」

その本質は、リーダーである、あなたの直感と勇気なのです。

起業家は、直感を磨く必要があるのです。

スティーブ・ジョブスのように、時には静かな部屋の中で禅の呼吸・瞑想をし、直感を研ぎ澄まし、自己に語りかけてくる心の奥なる声を感じ取るのです。

［原則］

成果を上げる原則

生産性が高い成果志向の会社
誰でも卓越した成果を
生めるようにせよ

プロダクティブカンパニー

■成果を上げる原則を踏まえれば、
誰もが成果を上げることができる。

■成果を上げる時に最重要な事は、
集中したエネルギーを創ることである。

■成果を上げる最大のコツは、
成果につながらない一切のタスクを委任するか、
捨て去り、成果のみに集中できる状況を
創ることにある。

プロダクティブカンパニーを実現する

プロダクティブ＝成果志向

「成果を上げ、世界平和を守る、現代リーダーとなれ！」

組織は社会の公器であり、社会に貢献するからこそ存在が許されています。経営者は「人・モノ・金」という資源を預かり、そのパワーを結集し、社会をより良くするために、生産性を高め、成果を上げる必要があります。組織が高い成果を上げてこそ、自由で平和な民主主義社会が保たれ、人間の尊厳が保証されるのです。経営者は成果に厳格でなくてはなければなりません。

この章のコンセプト

組織の生産性を高め、成果志向に向かわせる。

■効果

組織メンバーが高い生産性を上げる、成果志向の会社に進化する。

成果に悩むメンバーも、高い成果を上げることができるようになる。

■経営者は何を実現するのか？

全社員が成果・生産性を意識し、集中して仕事をする仕組みを創る。

■実施手順

(1)成果を上げる５原則を理解する。
(2)成果集中カード
(3)組織を圧倒的な成果志向に変える社長の質問
(4)価値向上会議
(5)バランススコアカードによる戦略の棚卸し
(6)事業を定義し集中する。

成果志向の組織に進化する

企業は成果を上げなければいけません。なぜなら、企業が成果を上げなければ、経済は破綻し、大きな戦争が再び起き、人類にとって不幸な時代に戻ってしまうからです。

リーダー・マネージャーとは、組織の成果に責任を持つ者です。リーダーは組織の上げる「成果」に対して厳格でなければいけません。

松下幸之助氏は、「赤字は最大の罪悪である。企業は社会の公器であり、社会の人・モノ・金という資産を預かっているのは、成果を上げ、社会に貢献するために他ならない」と語りました。

組織の成果を上げるためには、経営者はどのようなポイントに留意する必要があるのでしょう。

ドラッカーが教える成果5原則と、実践アクションで組織が成果志向に進化する。

成果志向の組織を創るには、ドラッカーが教えてくれる5つの原則が参考になります。この原則を忠実に実行すれば成果は必ず上がります。私もこの原則を実践し売上げを数倍伸ばしました。

【ドラッカーが教える成果を上げる5原則】

①成果を明確に定義する
②まとまった時間を取る
③集中する
④強みを活かす
⑤貢献意識を持つ

出典：P・F・ドラッカー『経営者の条件』訳：上田惇生　ダイヤモンド社　43ページ を参考に著者が作成した5つの条件

成果を上げる原則①：成果を明確に定義する

成果を上げる人は自己の成果が何か明確に分かっていなければ成果を上げようがありません。これを「成果明確化の法則」と呼びます。

成果を意識して働いている人はわずかです。ほどんどの人はそのあたりのことを明確にせず仕事をしていて、成果を意識せず、なんとなく働いています。きびしい言い方かもしれませんがこれは事実です。

経営者は朝礼の時、社員に向けて「あなたの今日の仕事の成果は何ですか？」「あなたの仕事の最重要事項は何ですか？」と問いかけてみて下さい。

成果を明確に意識できていない人は、この質問に答えられません。この質問にしっかりと答えられる人は成果を明確に意識して、成果に向かって仕事をしている人です。

成果は明確に定義をしてはじめて上がるものなのです。特に、やることがあまりに多く、タスクが複線的に錯綜する、ビジネスの現場では、成果（＝行うべきこと）を明確に定義していなければ、成果を上げることはできません。成果を明確にすることではじめて、成果に向けて集中することができ、成果が上がります。

行うべきでないことを、いくら効率的に行っても決して成果は生まれません。つまり、「成果につながる正しい行動かどうか？」を、まず考える必要があるのです。成果につながらない、緊急の忙しいだけの仕事は最小化します。

成果を明確にし、成果を意識し、成果に集中する【成果明確化・集中の原則】。

〈実践アクション①〉全社員が持つことで、組織が成果志向になる成果集中カード

組織が成果を上げるためには、全社員に成果を定義し、常に成果に集中して働いてもらう環境を創ることが重要です。これを実現できるツールが成果集中カードです（クライアントの営業マン400人に、このカードを常時携帯してもらっています）。

【成果集中カード】
①今どんな行動（仕事）を行っているか？
②それは成果につながる（正しい行動）か？
③もしそうでないのならどのように行動を改善するか？
④成果につながる行動に、超集中状態に入れる環境を整えるためにどうするか？

成果を上げる原則②：まとまった時間をとる
原則③：集中する

私は、時間こそが最大の資源であり、成果を上げる鍵だと考えています。ドラッカーも著書の中で、成果を上げる人は仕事からスタートせず時間からスタートするものであると述べています。

参考：P・F・ドラッカー『経営者の条件』訳：上田惇生　ダイヤモンド社　46ページ　2013年　第21刷

実際、知識労働者が成果を上げるには、「まとまった時間」をとり、集中する必要があります。これは現代のオフィス環境ではとても難しいことです。

オフィスに来た瞬間、生産性は著しく下がる

出勤時にタスクを90分で終えようと思い出社して、始業から90分たった時に、タスクが半分も終わっていないという人がほとんどです。

オフィスに入った瞬間に、上司・部下・顧客からの相談・社内の回覧・メールなどによって私たちの持ち時間はあっという間に奪われ、分断されていきます。資源である時間は、オフィス内の時間泥棒に虫食いにされ、90分の仕事を終えるのに午前一杯かかるということが起きるのです。

時間を細切れにすれば時間の持つエネルギーは落ちて成果は上がりません。まとまった時間に集中するから成果が生まれるのです。90分のまとまった時間は90分の成果を生みます。しかし10分ごとに分断されてそれを9回とったとしてもその成果は半分にもならないでしょう。オフィスが成果を出しにくい環境だからこそ、意識して集中しなければ成果は上がらないのです。

オフィスの特性を理解し、いかに時間泥棒に時間を奪われないようにするか、また自分も時間泥

棒にならないようにするかという意識が重要です。

〈実践アクション②〉社長の朝一番の質問で組織の成果を圧倒的に高める

朝礼時に、社員に向けて、「今日のあなたの仕事の最重要事項（成果）は何ですか？」と質問します。質問された方は、最初はぽかんとするでしょうが、この質問を、常に社長からされることで自己の仕事の最重要事項（成果）は何かを強く意識するようになります。

そして最重要事項（成果）から、第一に仕事に取り組むように、時間を細切れにせず、集中するように、メンバー相互の集中を妨げる「時間泥棒」にはならないように指示します。

この質問によって全社員が、仕事の最重要事項（成果）を意識し、成果志向の会社へ進化します。また帰社時には、「あなたは今日一日どのような成果を上げましたか？」と質問をします。

経営者は、「正しい質問」をすることによって組織を正しい行動に集中させ、成果志向の組織を創ります。組織に対する正しい質問が重要です。

〈実践アクション③〉集中タイムを設定する

あるクライアントは、午後に2時間、「集中タイム」という時間を設けて、その時間はなるべく私語・電話・メールはしないことで生産性を高めています。

私も営業時代に、報告書は帰社前に近所の喫茶店で集中して終わらせてから、会社に戻ることにしていました。集中しにくいオフィスという空間だからこそ、成果を上げるためには、まとまった時間をとり、集中する必要があります。時間を細切れにしないことです。まとまって集中した時間こそ、成果をもたらすのです。

成果を上げる原則④：強みを活かす

弱いこと、苦手なことで、成果を上げることほど難しいことはありません。

成果を上げる人は「自らの強み」を認識し、自分にとって「得意なやり方」で仕事をしています。

仕事のやり方について、皆が同じ働き方をする必要はありません。

皆、それぞれ得意とする働き方は決まっており、それは仕事につく前から、性質的にあるものです。自らの得意なやり方を見つけ、そのやり方で成果を上げればいいのです。

ドラッカーも、成果を上げるということは強みによってのみ行うことができ、弱みによって何かを行うことはできないとした上で、さらに苦手なこと（弱み）の改善に時間を使うよりも、自分の強みに集中するべきだと言っています。

参考：P・F・ドラッカー『明日を支配するもの』訳：上田惇生　ダイヤモンド社　194ページ　1999年　第3刷
P・F・ドラッカー『仕事の哲学』編訳：上田惇生　ダイヤモンド社　59ページ　2003年7月31日第1刷

強みに集中する

元大リーガーの松井秀喜選手は、ホームランを打つという「強み」に「集中」するから、スター選手になれたのであり、バントや進塁打など全てが得意だったわけではありません。

競争の厳しいスポーツや芸能の世界で卓越した成果を上げる人は自らが得意とし、一番になれる強みに集中しているからこそ他の人が及びもしないような成果を生み出せるのです。

強みを見つける

成果を上げるには自分の強みを知らなければいけません。

しかし現実にはほとんどの人が自分の強みについて明確に認識してはいません。

強みというのは、自分には自然とできてしまうものなので、明確に強みだと分かっていない人がほとんどです。そのために2つの方法で強みを探し出してみて下さい。

> **【強みを見つける2つの方法】**
> **①周囲の人（数人）に聞いてみる**
> **②ここ半年の仕事を振り返ってみる**

①周囲の人に聞く

強みを自分で認識できないならば、働く仲間や顧客に聞いてみるのが一番です。

〈実践アクション④〉コミュニケーションも良くなる、相互ホメホメ会議

クライアントは、定期的に社内でお互いの長所（強み）を言い合うミーティング（相互ホメホメ会議）を設け、コミュニケーションが改善しただけでなく、自己の強みを客観的に把握し、成果につなげています。

②仕事を振り返る（フィードバック分析）

この半年、何がうまくいった仕事か、何がうまくいかなかった仕事かを振り返ってみます。うまくいった仕事の中に、あなたの強みが隠されています。

「強みを明確に把握」して「その強みに集中して」勝負をするのです。

実は上司部下の面談の目的も、ここにあります、部下の持つ強みを見いだして、いかに爆発させるか。それが上司部下の面談の最大のテーマなのです。

成果を上げる原則⑤：貢献意識を持つ

最後に必要なものは「貢献意識」です。成果とは自分が顧客や、働く仲間から自分は何を求められているのかという視点、自分は何のためにこの会社に雇われているのかという視点があってはじめて分かるものです。

成果は自己の視点ではなく「外部からの視点」でないと分からないのです。そして成果を上げるためには、自分の好きなことではなく、自分が組織に求められていることを為さねばなりません。

これはマーケティングと全く同じ考えです。視点を外部、相手方に移して貢献（マーケティング）

を意識してはじめて成果を上げることができるのです。

この原則を全社で実践すれば、組織が成果に集中し、成果志向に進化します。

ポイント

ポイント

成果を上げることは習慣であり、誰でも身につけることができる。

ドラッカーが教える成果を上げる5原則とそれを実践する4つのアクションプラン

①成果を明確に定義する⇓［社長の朝一番の質問・成果集中カード］

②まとまった時間をとる⇓［集中タイム］

③集中する

④強みを活かす⇓［相互ホメホメ会議］

⑤貢献意識を持つ

成果の出る人とそうでない人の違い

——成果を明確に定義し、集中せよ！【成果集中の原則】

ある会社に営業マンAさんとBさんがいます。AさんとBさんは同じように一日働きますが、AさんはBさんの2倍以上売上げを上げるトップセールスマンです。なぜこのような違いが生まれるのか、先ほどの成果の原則から見てみます。

成果を上げることは、原則を踏まえれば、誰もが身につけることのできる科学的なスキルなのです。

図でAさんとBさんの一日を見てみましょう。

まずAさんです。8時半に出社、9時から仕事を始めるのはBさんと同じです。しかしAさんは成果を明確に定義して成果に集中しています。


成果を明確に定義し、成果に集中した状態で、仕事をしているか？


営業マンにとっての成果は何でしょう。売上げを上げることですよね。Aさんは別に職場の雰囲気を良くするためや、上司と面談をするために雇われているわけではありません。

成果は売上げの拡大であり、売上げにつながる行動は、見込み客に会い、クロージングをすることだとAさんは明確に意識して、集中しています。

Aさんの一日は成果から組み立てられます。午前に2件、午後3件見込み客に会い（もちろんそのためのアポイントの電話は前週までに欠かしません）18時に帰社、書類をまとめて20時に会社を出て、21時には帰宅。今日はよく働いたとビールを飲んでいます。

それでは、成果の上がらないBさんを見てみましょう。Bさんは自分の成果が何かを明確に定義できていません。そのため、Bさんの一日は売上げと売上につながる行動に直結しない、つまり成果につながらない行動で占められています。

9時~10時半上司と面談、その後お客様へのプレゼン資料をまとめ、12時~13時、同僚とランチ、13時よりお客様へのお礼状やクレーム対応、書類整理、そして17時に一件のアポイント、その後帰社し、20時に会社を出て21時に帰宅。同じように今日は忙しい一日だったと思いながらビールで一杯というところです。

図を見て下さい。同じ一日のように見えますがAさんとBさんでは、成果につながるポイントで5倍の差がついています。Bさんは A さんの一日と同じ売上げを上げるためには5日働かなければいけません。これは極端な例ですが、非常にシンプルにしたモデルです。

もちろん、Bさんはさぼっているわけではありません。しかし、成果を意識してい

成果の出る人と出ない人の違い

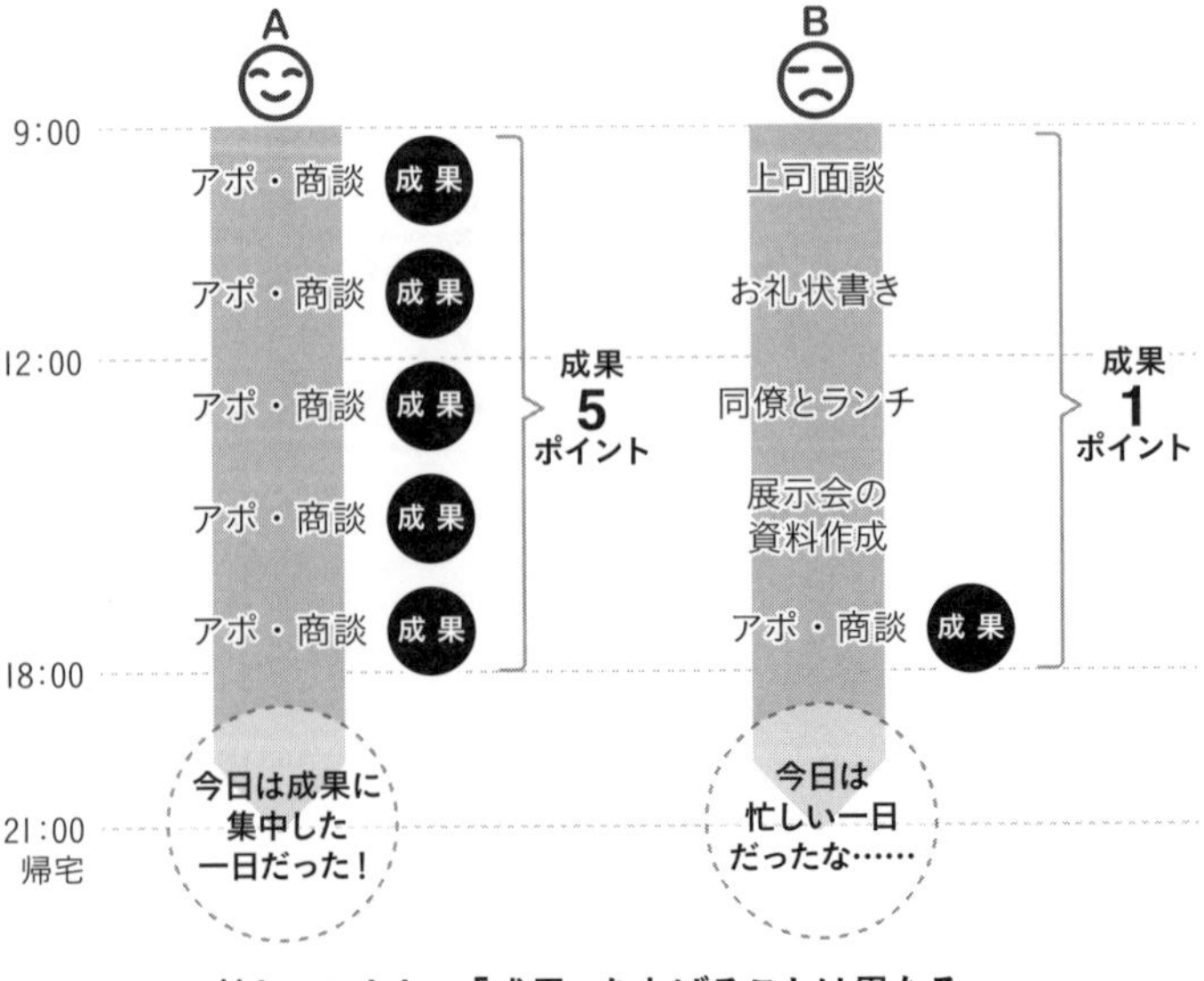

A
B
9:00
12:00
18:00
21:00
帰宅
アポ・商談 成果
アポ・商談 成果
アポ・商談 成果
アポ・商談 成果
アポ・商談 成果
成果 5 ポイント
今日は成果に集中した一日だった！
上司面談
お礼状書き
同僚とランチ
展示会の資料作成
アポ・商談 成果
成果 1 ポイント
今日は忙しい一日だったな……

忙しいことと、「成果」を上げることは異なる

なければ、成果は生まれません。成果を上げることと、忙しく動き回ることは別のことなのです。

経営者は、自社が成果を上げるために、全社員に成果に集中した状態＝目が覚めた状態で、働いていてもらう必要があるのです。

そのためには、まず全社員が自分の仕事の成果、仕事の最重要部分は何かを明確に定義し、常にそれに集中している必要があります。成果を出すためには、成果を明確に定義し、常に成果から仕事を考え、集中しなければならないのです。

成果の5原則と4つの実践アクションを効果的に用いて成果志向の組織を実現して下さい。

スピードを圧倒的にする

コンサルティングの中で、成果を上げる人、上げない人には、明確な違いがあります。成果を上げる人はビジネスにおいて圧倒的なスピードを実現しています。スピードという概念はとても重要で、すぐに取り入れることができます。

セミナー中、私が参考書籍を紹介したときのことです。成果志向の経営者・起業家は、その場で携帯からネット書店で購入する人がほとんどです。比べて、成果が上がらない人ほど、数週間後に会っても、まだ購入していない、どうしようか迷っているという人が多いのです。成果を上げている人は、スピードが圧倒的に違うのです。

その場で注文すれば、翌日に届いてすぐにセミナーの記憶が鮮明なうちに学び、吸収することができます。

ビジネスにおいてスピードはパワーです。成果志向の人は、セミナー中に自分が何をするかを決断し、アクションプラン（実行項目）に落とし込んでいきます。セミナー中、セミナー後からすぐ行動し、組織に影響をもたらすことができるのです。これに対して成果の上がらない人は、セミナーが終わり、数日してノートを復習し、さらに迷いながら実行を考えているために、記憶も曖昧になり、実行レベルも落ちていきます。

成果を上げたければ〝スピード〟というコンセプトを徹底的に実践して下さい。スピードを上げるだけ、慣性の法則が働き、ビジネスにパワーがつきます。ぐんぐんスピードを上げるだけでその実行や精神面でも大きなパワーを得られます。

意思決定のスピードを上げる

経営において、マネジメントすること、そしてリーダーシップをとることとは、「意思決定すること」であるとも言えます。ある程度熟慮したら、意思決定は早いほどよいのです。もし誤っていたら直ちに修正の指示を出せばいいのです。一番まずいのは、部下から意思決定を仰がれて、寝かしてしまい、そのままにすることです。これでは組織は動きませんし、部下のやる気もそいでしまいます。判断に時間を要し、事案を寝かしておくにしてもせいぜい2週間までにするべきです。

組織のあらゆるスピードを2倍にしてみて下さい。またスピード意識を組織に与え、経営の重点目標として〝スピード〟を上げてみて下さい。それだけで得られる結果までの時間は縮まり、成果はより高まります。スピードのもたらすパワーを強く意識して下さい。

〈事例〉スピードがなければ、組織変革はなされない

プロジェクトの中で事業部長が、「わが部門は３００人もいるから、組織の変革をするには数年越しで考えている」と話しました。私は「それはとんでもない話です。明日にでも指示を出し、組織を変える意気込みで行って下さい。そうでなければ、組織の変革の勢いが失われ、決して変わることができないでしょう」と話しました。

セミナーの直後にでも変えるというリーダーの気概とスピード意識がなければ、組織変革は不可能です。特に中小企業の場合、大企業に勝てるポイントは〝スピード〟に尽きます。中小企業はオーナー経営者の鶴の一声で今すぐにでもアクションプランを実行に移すことができます。中小企業こそ、スピードを強く意識して、組織変革を進めるべきです。

ビジネスの時間を４つのコンセプトで捉える

ビジネスにおいて最大のエネルギーであり、平等に与えられているものは時間です。時間をいかに効果的に使えるかはビジネスの成功を左右します。時間は４つに分類して考えると捉えやすくなります。

【4つの時間】
①現事業の成果を上げる時間
②問題を解決する時間
③新たな事業機会を追求する時間
④それ以外の遊びとしての時間（コミュニケーション・気づかい・付き合いなど）

①現事業の成果を上げる時間

ルーティンや現業務の成果を追求する時間で、事業には不可欠な時間です。

②問題を解決する時間→問題は解決してもゼロに過ぎない

会社でコピー機が壊れたとします。すると、周囲の人がどうしたと集まってきて、トナーを変えてみようとか、電源を入れなおしてみようとかいろいろやるわけです。そして直らなければ、結局、メンテナンス会社に電話をして1時間くらいで修理完了。一見落着となります。

しかし、問題解決に多くの労力を費やしても得られるのは、以前と同じ風景だけです。つまり現状復帰以上のものは何も得られません。ゼロということです。

③新たな事業機会を追求する時間→戦略的に確保せねばならない

事業の「未来」に対して使う時間です。戦略を立てたり、事業計画を練ったり、新商品のアイデアを模索したり、まさに事業の将来の種まきの時間。未来を創るための重要な時間です。

リーダーは事業の未来について考察する③の時間を、特に意識する必要があります。事業の未来について考察する時間がこの機会追求の時間です。

①の現事業の成果を上げることは必要に迫られるので、意識しなくても時間は割けますが、この③の時間は戦略的に確保しないと、いつのまにか①現事業、②問題解決に追われて場当たり的な経営になっていたなどということがよくあります。

経営者は、一人でじっくり考える時間をつくる、コンサルタントやコーチと定期的に時間をとるなどして、事業の現在と未来のバランスを考える必要があります。事業の未来に時間を充て、機会を考察している企業こそが、明日への扉を開くことができるのです。

④それ以外の遊びとしての時間（コミュニケーション・気づかい・付き合いなど）

人は機械ではないので、成果志向の職場であっても、人間的な気づかい、日々の労（ねぎら）いの懇親会等、心の交流（コミュニケーション）の時間が必要です。重要な時間ですが、1次会までにするとか、メンバーのパフォーマンスに悪い影響を及ぼさぬよう、意識してコントロールする必要があります。

ポイント

「機会追求の時間」を戦略的に確保できるよう、手帳にあらかじめ予定を入れる。

時間を記録し、絶えず改善する

時間生産性を高めるには、時間を「記録」し分析する必要があります。毎月の時間をどのように使っているか、手帳に記録することからスタートします。

人は自己に都合よく、記憶・解釈するため、正確な時間分析を行うためには曖昧な「記憶」に頼らずに、「記録」する必要があります。その後、成果を高めるための改善を図っていきます。

実際に記録するとこれまで気づかなかったことが目に入ってきます。「時間は記録してはじめて気づくことがある！」ここが重要なポイントです。

営業マンは、できるだけ成果（売上げ）を上げたいと思えば、顧客訪問の時間に集中する必要があります。ところが時間記録をつけてみると、顧客以外の活動（書類作成や、会議など）に自分の時間がほとんど取られていることに驚く人が多いのです。

移動時間も馬鹿になりません。地方担当の営業の場合は、顧客への時間よりも移動に莫大な時間が費やされている状況があります。訪問ルートを効率的に組む重要性にも気づきます。

万人に平等に与えられたエネルギーである時間をいかに効果的に使うかを考えるべきです。時間

時間記録シート
時間を記録・測定し、効果性を高めていく

項目		顧客訪問	社内会議	プレゼン資料準備
具体的な仕事内容		商品提案	営業情報共有 新商品勉強会等	展示会に向けての資料作成
月間時間比率	月間総合計 (　　)時間 ※176	40時間	70時間	30時間
	総合計に占める比率	23%	40%	17%
仕事の成果分析	成果は上がっているか？ 時間配分は適切か？	社内業務に時間をとられ、思ったほど顧客に時間を使えていない。少ない。	売上げにつながらない打ち合わせに時間をとられ過ぎている。	その後の顧客への営業活動により時間を割くべき。
改善のためのアクションプラン	さらに成果を上げるために、工夫できることはないか？ (委任・やめる・効率を上げる)	顧客のランク分けをして、Aランクの顧客へのアプローチに集中するべき。50時間を目標とする。	会議の時間を決めその時間以内に終わらせる。メール・回覧ですむものは議題にしないなど、工夫して50時間を目標にする。	資料はシンプルなものに統一し、その後の提案活動により時間を投入する。目標20時間へ。

※1日8時間勤務・完全週休2日制の場合
8時間×22日＝176時間

を制するものが、ビジネスを制するのです。

経営戦略の効果を高めるためには最重要事項に集中せよ

経営戦略・実践の書籍があふれかえっています。多くのリーダーが、月に何冊もそれらに目を通し、実践を試みたり、取り入れても思ったように機能せず中座してしまったりと、戦略の実践面の悩みは尽きません。

戦略を実行する時に、重要なコンセプトがあります。それは、シンプルであるかどうかです。成功するものはシンプルで、だからこそ集中し、成果も上がります。複雑な取り組みは成功しません。

経営戦略に関する取り組みは、できるだけシンプルにする必要があります。この時は、劣後順位という考え方が必要になります。劣後とは「やらないこと」と言う意味です。まず経営においてやらないことを決めてしまうのです。

劣後順位を決める（やらないことを決める）

現在の経営戦略・お客様・商品あらゆるものを一度棚卸ししてみて下さい。

ゼロベースで考えてみて、今からまた始めるとしたら取り組む価値があるかどうかを検討します。

そして陳腐化したもの、期待した効果を生まないものは切り捨てます。

やらないことを決めると、取り組むべき重点項目が見えてきます。その点が成果の出る重点項目です。重点項目のみに集中して取り組みます。

本当に重要なことに、レーザーのように集中するからこそ、大きな成果が生まれます。

成果に集中するために、まず捨てる。「やるべきでないことを捨て去る勇気」が必要です。

まず劣後順位を決める。経営において、やめるべきことを列挙してみて下さい。

全社員が目標を持つ

成果志向の組織では、全社員が明確な目標を定めて、目標に向けて集中する必要があります。目標があるところに集中が生まれ、メンバーが集中するからこそ成果が生まれます。これを成果集中の原則と言います。

集中するということは、目標を定めて、そこに集中し、それ以外のことはやらない（捨てる）ということです。全社員が明確な、振り返り可能な目標を設定することで、重要な活動に集中し、成果を生み出していくことができるのです。

目標は組織のエネルギーを集中させ、集中すれば成果が生まれます。社長、経営幹部はもちろん、アルバイトにも目標は必要です。成果志向の組織においては、目標を持たないでよい人は存在しません。

ドラッカーも「目標とは事業にとって基本戦略そのもの」と企業活動における目標設定の重要性を強調しています。

参考：P・F・ドラッカー『ドラッカー名著集13 マネジメント［上］：第1巻 課題、責任、実践』訳：上田惇生 ダイヤモンド社 128ページ 2010年 第4刷

ここから目標設定の効果と、設定する際のポイントを解説していきます。

効果性の確認（成果を生む正しい行動なのか？）

目標を立て、行っている自分の行動は正しいものなのか？ と疑問に思い確認する習慣をつけましょう。

効果性を確認（測定）することができれば、より高いレベルへ向け、注ぐエネルギーを最適化することができます。そこで重要なのが、振り返りです。振り返ることによって、現在のやり方に効果があるのか、それとも改善する必要があるのかを知ることができます。

振り返りがなければどうでしょう。年間の売上げ2000万円を達成しようとして、3か月たっても100万円もいっていない場合の行動は成果を生んでいるとはいえません。修正することなしに、目標が達成されることはありません。目標を立てて、正しい成果につながっているか確認することで、現在の行動が、効果のある正しいものかを検証・改善することができます。

登山をする時には、山頂を目標に、道に大きな岩が現れたら、当然ルートを変更します。しかし、

ビジネスの世界では、岩（問題）があるのに、改善案を検討せずに、効果の出ない方法でずっと仕事を行っている人が多いのです。

成果の出ない行動を続けても悩みが大きくなるだけです。検証し、やり方を効果のあるものに変えなければ、成果は得られません。成果を上げるためには、定期的に振り返り、継続的な改善をする必要があるのです。

目標には必ず期限を設ける（期限は目標達成速度を速める鍵）

期限なき目標は絵に描いた餅と同じです。期限を決めなければいけません。期限を決めることで、目標に達成するまでの速度を速めることができます。なんとなくこれを仕上げようというのと、この日までにはやろうというのでは、達成までのスピードが全く変わるのです。

「締め切りがなければ、傑作（成果）は生まれない……」と手塚治虫も言っています。

目標に締め切り・期限を設定すれば、達成へのスピードが格段に速まります。

営業売上達成が圧倒的に楽になる期限設定のコツ

期限については、コツがあります。私のクライアントである保険のトップセールスマンは、いつも年度末を売上げ達成の期限には設定せず、その３か月前、半年前を自己の目標達成の締め切りに設定しています。こうすれば期末まで余裕を持った営業活動を先行して行うことができ、またその姿勢が、トップセールスをつくるのです。

現状維持ではなく、頑張れば到達できるというストレッチ目標を設定する

安易に達成できる目標では、成長はありません。目標を設定する場合には、ストレッチ目標を用います。ストレッチ目標とは、現在からするとすぐに達成するのは難しいが、頑張ることで達成することができるというものです。

目標は必ず仕事として具体化する

目標は具体的に仕事として落とし込まなければ、単なるアイデアになってしまいます。仕事として具体化するというのは、「誰が・何を・いつまでに・どのレベルまで行うか・そして誰がそれをチェックするのか」ということまで落とし込むことです。

目標は部下管理の統制ツールではない。自己管理のために行う

目標は、自己管理のための目標であって、上司が部下を管理するための道具ではありません。自分で立てた目標に自分でコミットして達成する。目標達成の過程で現状を測定・検証し、最適化し、自己成長できることにこそ、目標管理制度の最大の意味があるのです。

自己目標管理は、組織の中で、働く人が自己実現していくために最重要なツールです。ドラッカーも自己目標管理についてマネジメントの哲学であると述べ、〝自己〟目標管理を最重視しています。

参考：P・F・ドラッカー『エッセンシャル版　マネジメント』編訳：上田惇生　ダイヤモンド社　141ページ　2013年　第51刷

多くのリーダーが、目標管理制度を、上司の部下管理の道具と勘違いしていますが、これは大きな「誤解」です。管理・統制では組織に自律性は生まれず、働く人の自律性・士気も上がりません。そのような思考の組織から卓越した成果が生まれることはありません。

組織の成長は、メンバー（人）の成長によってこそ可能になります。

人間が成長し幸せになる「人間中心の経営」では、人は生来、たゆまぬ成長へ向かう生き物であり、組織文化を持ってメンバーの自律的成長を促進することこそ、リーダーの責任であるという意識が求められます。

売上げを追わず、顧客への価値向上に集中せよ

私は、多くのクライアントの経営計画発表会に出席します。

経営計画発表会で第一に話されるのは、売上げ・利益計画であることがほとんどです。しかし考えてみて下さい。私はドラッカーマネジメントの1日セミナーを約4万円で開催していますが、自社の来期の経営計画を発表する時に、冒頭から「次回からのセミナーはこれまでの1・5倍の6万円いただくつもりです。よろしくお願いいたします」と言ったらどうなるでしょうか。

顧客が聞いたら、「何勝手な事を言っているの？　もし1・5倍のセミナー売上げが欲しいのなら、セミナーの価値を1・5倍の価値のあるものに高めてから言えよ！」と、思いませんか。

売上げ・利益は顧客への貢献の結果としてしか存在しません。経営計画発表会の例でも同じです。

経営者は売上げ・利益の計画の前に、まずはじめに、「顧客への提供価値の向上」について語り始めるべきです。この順序が逆であってはなりません。

売上げ・利益の前に、その原因となる、自社の顧客への価値向上計画について十分に考察するべきです。組織全体を、売上げではなく顧客への価値向上に集中させることが重要なのです。

価値向上会議

顧客への価値向上へ組織を集中させるために、「価値向上会議」を行います。価値向上会議はシンプルな会議です。月に一度、メンバーが集まり顧客への提供価値が先月よりどれだけ向上したかを話し合います。

正しい質問でメンバーを価値向上に集中させる

会議の場でリーダーはこのような質問をして下さい。

「顧客への提供価値は、先月と比べてどれだけ向上しましたか?」

リーダーの正しい質問は、組織を正しい行動に集中させます。顧客への提供価値について毎回質問し続ければ、メンバーは日々、提供価値について考えるようになります。

会議という形式のみならず。1週間に1回、2日に1回問いかけてもいい質問です。

「昨日と比べて、今日のあなたの顧客への提供価値はどのように向上しましたか?」と

マーケターは顧客視点で自社の価値を高め続ける

顧客視点で、顧客への提供価値の向上にたゆまぬ努力を払う社員をマーケターと言います。

もしメンバー全員が、顧客への価値向上に日々邁進し、提供価値が無限に向上し続けていけたら、組織はどれだけ強力でしょうか。

売上げ・利益は顧客への提供価値の裏返しであり、顧客への提供価値が上がっているのに、売上げ・利益が下がる企業はないのです。事業の業績が下がるのは、組織が顧客を忘れてしまっていることにほかなりません。

事業の主人公は顧客なのです。中心は顧客なのです。

マーケティングとは顧客から見た自社の価値を、絶えず向上させることです。全社を挙げて、顧客への提供価値の向上に努めるのです。業績は、価値向上の結果として、自然とついてきます。

継続的な改善でビジネスの価値を上げ続ける

ビジネス（事業・仕事）をより効果的にするためには、ビジネスを1つのシステム（仕組み）だと考えることが重要です。利益の出る人は成果の出る仕組みをつくって仕事をしており、利益の出ない人は成果の出ない仕組みの中で仕事をしています。

生活も1つのシステムです。私は少しメタボに悩んでいますが、それは毎日晩酌をするというシステムの中で生きているためと分かっています。改善したシステムを持たない限り、永遠にメタボに近づいていきます。もし引き締まった魅力的な体をつくりたいのであれば、システムを変える必要があります。このことは、ビジネスについても同様です。より大きな成果（利益）を得たければ、仕組みを変える必要があるのです。

ビジネスのシステムは永遠に改善が可能である、未完成なものであると考えると、イノベーションのポイントが見えてきます。

ビジネスのシステムは2つの観点から改善することが可能です。

1つは「顧客に提供するサービスの向上」、そしてもう1つは「得る収益の向上」という点です。この2点に着目すれば、システムはより効果的に、パワフルなものに改善できます。

システムを改善していく時、一番の妨げとなるのは、これまでの成功体験や、このビジネスは既に完成されたモデルだという慢心・固定観念・とらわれです。

そのため、ビジネスをより良いものに改善していくためには、このとらわれ（常識）を捨て、新たな見地から改善していくことが求められます。これを「ゼロベースの改善」と言います。

アマゾンが初めて本をネットで売るという仕組みを作った時には、多くの書店は、本なんかネットで売れるわけがないと笑いました。しかし、結果としてはアマゾンの優れたビジネスモデルに淘汰されてしまいました。顧客に対して、書籍のネット販売という仕組みが、店頭販売という仕組みより、便利な仕組みとして優越したからです。

現在のビジネスを、未完成なシステムとして捉え、業界の常識を疑い、ゼロベースで改善する時、ブレイクスルーが生まれます。自社のビジネスが現在でも顧客にとって最適なサービスと言えるか、収益性は向上できないかといった点で、システムの改善を見直してみて下さい。

ポイント

・自社のビジネスが未完成なモデルだとしたら、今後どのように洗練し、進化したものにできるか？

経営集中の原則【バランススコアカードによる棚卸しと集中】

あなたの会社は年度の経営戦略を立てていますか？

シンプルなものでいいので、経営者は戦略を持つべきです。戦略とは、この1・3・5・10・15年先何をするのかという短期と長期の重点目標です。戦略を立てることで、打ち手が明確になり月間・日々のアクションプランを効果的に進め、成り行き経営から脱却できます。戦略は、組織に集中をもたらし、集中するからこそ経営に成果をもたらすのです。

中小企業も大企業と同様に戦略を持つべきです。しかし事業を考え抜き、戦略立案している企業は少ないのです。戦略を持つだけで、他社より先行することができます。

売上げ目標のみではなく、顧客価値向上・商品開発・組織体制・人材育成、あらゆる項目が戦略になります。経営者はとても多くの項目について目標を設定し、モニターし、ＰＤＣＡを回していく必要があります。

ドラッカーも事業の目標について、事業の存続と繁栄にかかわる全ての領域に必要なものとし、企業の目標がいかに多岐にわたるかを述べています。

参考：P・F・ドラッカー『現代の経営（上）』訳：上田惇生　ダイヤモンド社　83ページ　2006年　第1刷

事業目標を極めてシンプルに整理できる実践的な戦略ツールに、「バランススコアカード」があります。4つの視点で事業全体にわたる戦略を整理し、目標設定できるツールです。

戦略を持っていない企業は、バランススコアカードの4つの視点で今年度実施している項目を棚卸しして下さい。

【バランススコアカードの4つの視点（目標）】

①財務の視点（売上げ・利益・財務）
売上げ拡大・利益率向上・資金繰り・重点販売・コスト削減・財務安定性など

②顧客の視点（顧客へのサービス向上）
顧客満足度向上・ニーズ調査・新規開拓・既存顧客深耕・情報発信・リレーション強化

③社内の組織体制・仕事のプロセスの視点
組織体制強化・組織変更・業務プロセス改善・他社とのコラボレーション、システム導入（顧客・原価・情報・工程等の管理システム）

④人材育成・イノベーション（新たな取り組み）の視点
接客力強化・競合視察・表彰制度・研修制度・環境整備・目標管理・設備投資・幹部育成

現時点で実施しているアクションプランを4つの視点に振り分け、効果が上がっているか振り返ります。効果が上がっていないものは、改善策を考えます。

ポイント

バランススコアカードによる戦略のチェック・棚卸し
STEP①現在実行している経営戦略を4つの視点に分類する。
（これだけでも、戦略を体系的に把握することができる）
STEP②効果が上がっているか検討する。
（続けるべきか、改善すべきか、止めてしまうべきか）

戦略が多くの企業で機能しない理由

戦略は立てているのに成果が上がっていない最大の原因は、やるべきことが多すぎることにあります。多くの企業が、やるべきことの多さに埋もれ、集中すべき戦略の効果を失い、結果として実行されないという悪循環に陥っています。

本当に重要な目標のみに絞り、集中する

戦略の成果を上げるためには、重点に集中する必要があります。集中するために、まずやるべきでないことを決め、捨てる必要があります。効果の出ていないものは、捨てていきます。経営において一番難しいのが、この「やめる・捨てる」ということです。

戦略を棚卸しして、効果の上がらないものは一度捨て、重点戦略に絞れば、戦略に集中が生まれ、成果が上がります。

今期の戦略で、集中するために捨てるべき部分は何か、既に機能していない部分は何か？

事業の定義を行い（自社は何屋か？）、経営を集中する

事業の定義とは、自社はいったい何屋なのか？　ということです。経営者は自社の事業を定義し、集中する必要があります。

例えば、眼鏡屋を経営しているとします。眼鏡をファッションとして捉えるのか、それとも医療

バランススコアカードの４つの視点で、現在の戦略が機能しているかを確認する

	現在の戦略	効果性 成果は出ているか？	続けるべきか？ 改善すべきか？ 止めてしまうべきか？
(1)財務の視点			
(2)顧客の視点			
(3)社内の組織体制・仕事のプロセスの視点			
(4)人材育成・イノベーション（新たな取り組み）の視点			

機器として捉えるかで、その後の事業戦略は全く違うものになります。

ファッションとして定義した場合

眼鏡をファッションとして捉えるのであれば、できるだけトレンドに合ったものにするために、季節ごとに商品を入れ替えたり、店舗の立地でもファッションに敏感な人のいる場所にしたり、広告媒体もファッションやトレンド系の雑誌にすることになります。そして様々なシーンに合わせ、眼鏡を一人2本、3本持ってもらうような提案もできます。

医療機器と定義した場合

医療機器として定義するならば、医科大教授などの権威のある人とコラボレーションをしたり、近視が始まったばかりの子供の目を守るための眼鏡の使用方法などをセットとして提案したりすることで、顧客への価値を高めることができます。立地場所も、必ずしも繁華街にある必要はなく、眼科の近くのほうがより効果的かもしれません。

自社の事業は何屋であるのかを明確に定義すると、未来への打ち手が明確になり、効果的なマーケティング戦略を打つことが可能になるのです。

事業を定義する際の出発点は顧客です。

「顧客から見て、自社は何屋であれば、収益を最大化できるのるか?」という点で考えます。

事業の定義は次の手順で行います。

【顧客から、事業を定義する】

①自社にとって一番貢献したい「理想」の顧客を定義する。

※自社製品・サービスを心から喜んでくれ、企業としても愛すべき顧客

②その顧客から見て、自社は何屋であるのが最も適切か、事業を定義する。

眼鏡を医療機器と考えた場合で考えてみます。

①自社の理想の顧客

↓眼鏡を医療機器として考え、目の健康を保っていきたい、これ以上近視を悪化させたくない顧客（成長期の子供、老眼の開始の頃のシニア）

②理想の顧客から見て何であるべきか↓自社は顧客の目の健康守り屋

↓そこから導き出される戦略は、安全、健康を第一の売りにした眼科医師お墨付きの商品や、目の健康セミナー開催……とマーケティング的な打ち手が広がっていきます。

このように、①顧客を明確にし、②事業を明確に定義することで、企業は市場において明確な打ち手を持つことができます。

モノ余りの時代には「なんでもある程度はできます」では魅力を感じてもらえないのです。事業を定義し、その定義に沿った戦略に集中して下さい。

市場・顧客は変化する、よって、事業の定義は絶えず行い続けなくてはならない

事業の定義は一回行えばいいというものではありません。市場・顧客は絶えず変化します。少なくとも年に一度は自社の事業はこのままでいいのか、顧客を定義し、自社を定義してみて下さい。

ポイント

自社は何屋か、事業を定義することで戦略的な〝打ち手〟を広げることができる。
事業の定義は、市場の変化に合わせ、その都度、行う必要がある。

４つの視点で事業領域の定義を行う

どの領域で事業をしていくのかを決めることが事業領域の定義です。
次の４つの視点で勝てる事業領域を探します。

【事業領域を定義する４つの視点】

①絶対負けない情熱があるか？（信念）
②競合に勝てる強みがあるか？（差別化）
③儲(もう)かるか？（市場性）
④社会的正義があるのか？（社会的意義・倫理）

①絶対負けない情熱があるか？（信念）

その事業を行うことについて絶対負けないほどの信念を抱けるかということです。事業は順調な時ばかりではありません。困難に直面した時、成否を分けるのは、なんとしてもこの事業をやり遂げるという信念・志です。

②競合に勝てる強みがあるか？（差別化）

ビジネスは競合との競争です。競合に勝る差別化された強みがなければ、生き残ることはできません。日本一・地域一・業界一になれる強みが必要です。

③事業継続の規模の利益を生むものか？（市場性）

投資に見合った利益を上げるだけの市場規模があるかということです。私は、コンサルタントをしながらプロのジャズピアニストです。しかし、ジャズコンサルタントという新たなジャンルで市場に参入した場合には、①情熱、②強みはありますが、③市場性についてはなさそうです。事業としては厳しいでしょう。

④社会的正義があるか？（社会的意義・倫理）

社会に貢献をするからこそ、企業は存在することが許されます。単なる経済価値の追求集団では、行き着くところは、人が経済のために犠牲になり、お金のための道具になってしまう悲惨な社会です。「世の中をより良くする価値のある事業であるか？」

資本・経済が先行し、人の心の問題や、個としての人間の尊厳が置き去りにされてきた現代社会において、この質問を問うことはとても大切です。

事業領域の定義は、集中し、成果を上げるために行うものです。以上の４つの視点は勝てる事業を創るために集中すべきポイントを示しています。新規事業を立案する時にも、この４つの視点で考察します。

知識ではなく、行動のみが効果を生む（アウトプットノート）

セミナーの受講者には、高い成果を上げられる人と思うようにあがらない人がいます。同じセミナーを受けて、この違いはどこからくるものなのでしょうか。

ビジネスにおいては、知っているだけ（知識）というものはほとんど役に立ちません。巷(ちまた)には、ビジネス教材・

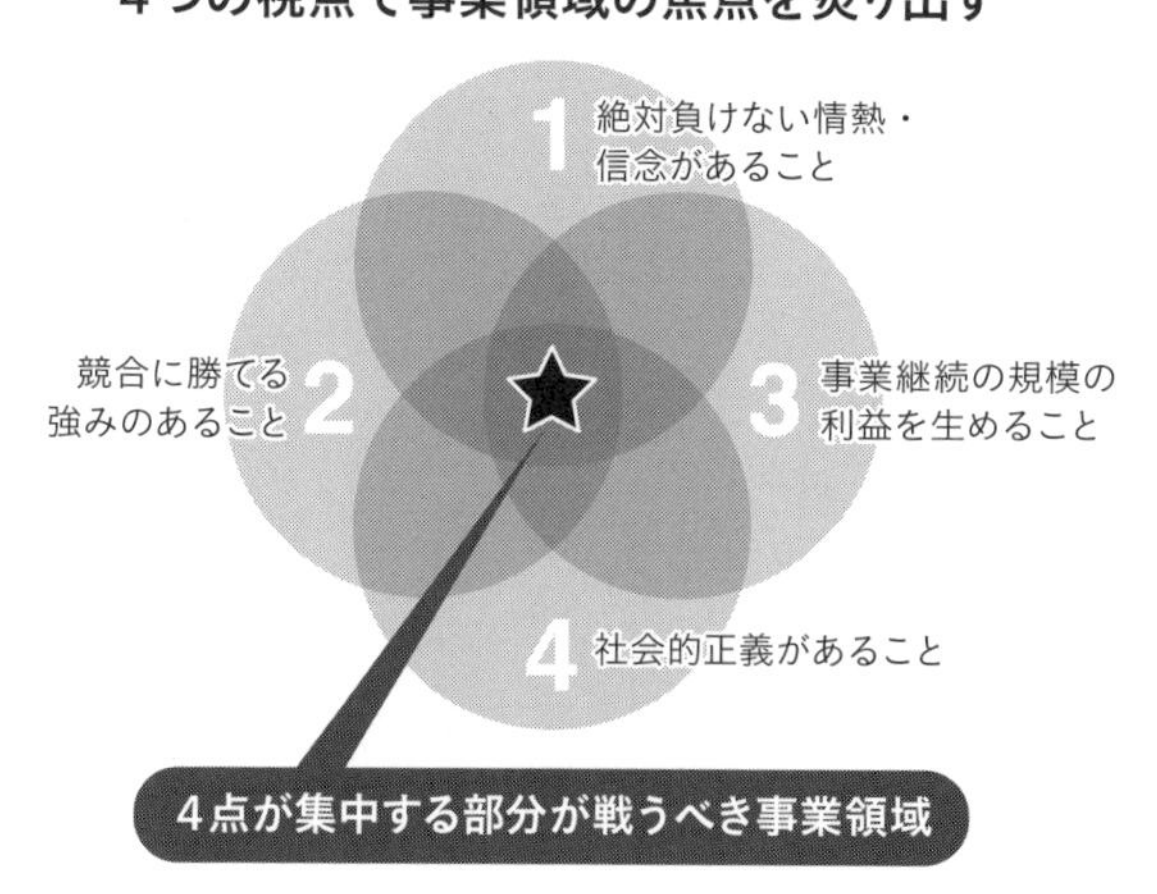
4つの視点で事業領域の焦点を炙り出す
1 絶対負けない情熱・信念があること
2 競合に勝てる強みのあること
3 事業継続の規模の利益を生めること
4 社会的正義があること
4点が集中する部分が戦うべき事業領域

セミナーがあふれています。しかし、書籍を100冊読んでインプットしても、それだけで成果が上がるわけではありません。

情報はインプットです。

成果はアウトプットです。

成果を上げている人は、「アウトプット=行動」に集中しているのです。

大切なのは、行動（アウトプット）のみが果実（得たい結果）を生むということです。ビジネス（人生）においては知識・情報だけでは何も生みだしません。

人間の創造性が高まるのは、アウトプットを意識して学ぶ時です。

アクションプラン（アウトプット）を中心にノートにとる

私は経営者専門の戦略コーチングをしていますが、高い成果を上げているリーダーとのセッション時に気づいたことがあります。その人は、セッション中多くのメモをとりますが、面白いことに講義内容についてはメモをしません。メモは全て講義を踏まえ、自分がとる行動（アウトプット）に関するアイデアなのです。

彼はセッションを通じてひらめいたアイデア、行動を決めたアクションプランに集中していたのです。まさに、成果を生む人は超アウトプット志向であるということを思い知らされました。

私のコンサルティングや研修時には、2時間ごとにアウトプット（アクションプラン）を整理し発表してもらいます。講義内容というインプット（情報）に価値があるのではなく、得られた情報を活かし、どんなアクションをとるのかという点のみがアウトプット（成果）であり、集中すべきポイントだからです。

重点項目に絞り、集中する。

アクションプランも多すぎてはうまく実行されません。本書でも多くのアイデアを紹介していきますが、いきなり全てをできるわけではありません。成果を上げるためには集中が必要です。重点目標を3つくらいに絞って取り組むことが一番成果のあるやり方なのです。

インプットではなく、アウトプットを意識すること、全てをやろうとせずに、重点項目に集中することがポイントです。

完璧主義ほど、不完全で、成果につながらないものはありません。すべてを完全にこなそうとすると、何もできなくなります。

アウトプットを中心にノートをとる

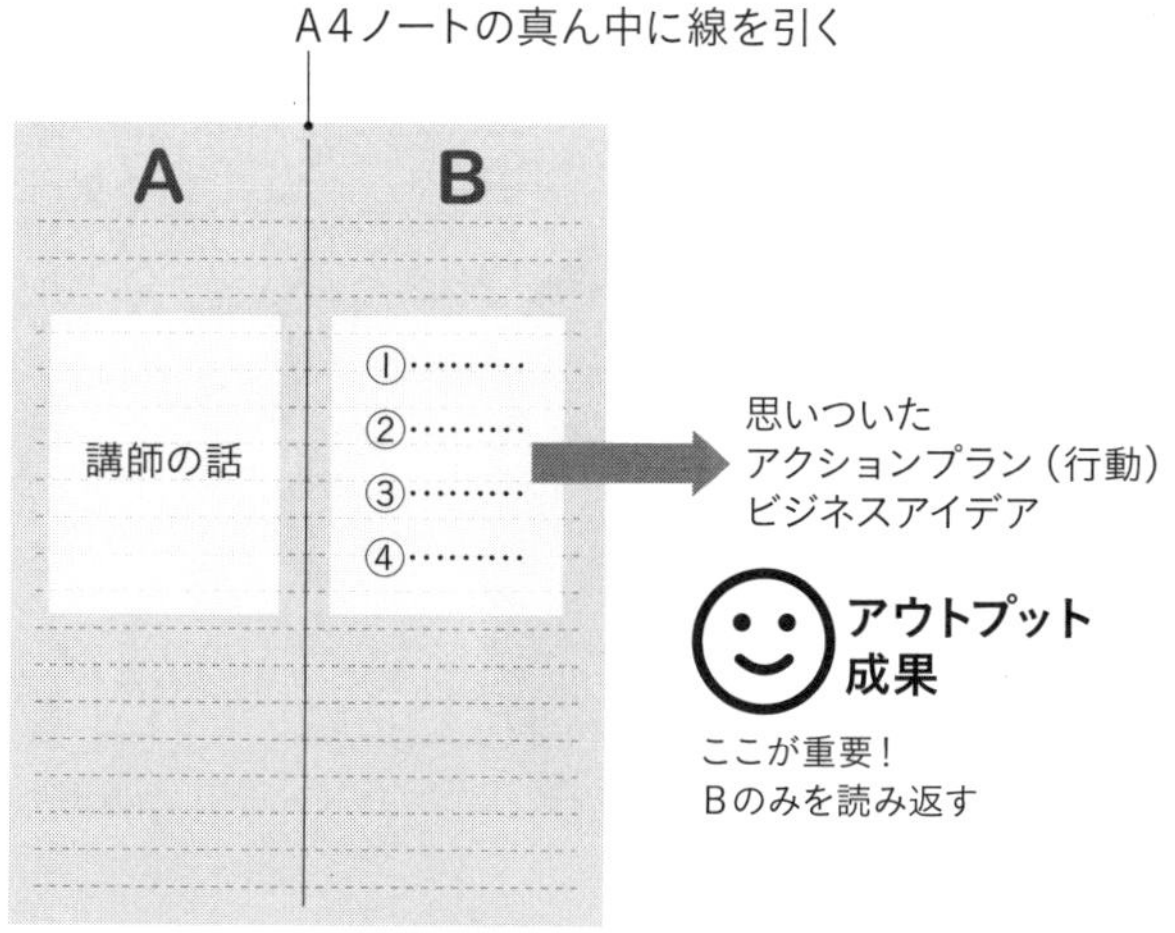

［原則］ 学習する組織の原則

人間として成長する喜びを感じ、メンバーを"誇りあるもの"にせよ

ラーニングカンパニー

■はじめから、優秀な人材が採用できることは極めて少ない。組織文化によってメンバーの自律的な学習・成長の欲求に火をつけよ。

■組織の強さを決めるものは、メンバーの持つ知識の卓越性である。メンバーが相互に学び合う場を設け、学習する組織を実現せよ。

■卓越した成果を上げ続ける企業は、メンバーに継続学習の重要性を認識させている。

ラーニングカンパニーを実現する

ラーニング＝学習志向

「メンバーの人間的成長を実現し、誇りあるものとせよ！」

現代の知識社会においては、今日は最先端の知識を持っていたとしても、継続して研鑽（けんさん）することなしには、すぐに陳腐化してしまいます。知識社会で活躍するためには、学校の卒業後にこそ、継続学習により知識をアップデートすることが必要です。リーダーは組織に自己啓発・継続学習を奨励し、学び・教え合う組織・「学習する組織」を創らなければなりません。

組織の強みの源は、帰属する人間の持つ知識・ノウハウであり、人の成長は無限です。人間を中心にした経営では、リーダーは、メンバーの成長を心から願い、支援します。

この章のコンセプト

自ら学習し、成長・進化する組織

■効果

自律的に学習し、組織として成長していく会社に進化する。

■リーダーは何を実現するのか？

全社員の成長を支援し、自律的に学び・教え合う風土を創る。

■実施手順

⑴セミナーより効果の上がる社内勉強会

⑵成功事例共有会議

⑶全社員をコンサルタントと定義し、セルフイメージを上げ、誇りあるものとする。

リーダーは人の成長を支援する教育者

リーダーシップとは責任です。人を活かし、独自の強みを組織に動員し、社会において創造的で価値ある存在とすることに対する責任です。

メンバーの強みを見いだし、潜在能力を爆発させ、最大の成長を遂げてもらう必要があります。

経営者は、最良の教育者であるべきです。

ドラッカーの良い会社３つの条件に見る、働く人への成長支援への取り組みの重要性

ドラッカーの指導を受け、世界大手のアルミメーカー、アルコアを率いたのはポール・オニール氏です。
オニール氏は、ドラッカーに「人が活かされる・良い会社の３つの条件」を教授され、それを守り最高の会社を創りました。アルミメーカーなのに、工場の事故率は病院よりも低いという脅威の安全性を実現したのです。

参考：エリザベス・H・イーダスハイム『P・F・ドラッカー――理想企業を求めて』ダイヤモンド社 141ページ ２００７年6月21日 第2刷

オニール氏は、ドラッカーのマネジメント論に感銘を受け、人が大切にされる会社を創りたいという志を立て、人が大切にされる会社で事故があってはならないという強い信念を実現したのです。
オニールの信条にもなったドラッカーの「よい会社の３つの条件」の2番目には、働く人の成長を支援することの重要性も述べられています。

【人が活かされる・良い会社の３つの条件で自社を確認する】

①あなたは職場で敬意を持って遇されているか？【人の尊厳の視点】
②あなたの成長に必要な支援と教育を与えられているか？【人の成長の視点】
③あなたが貢献していることを会社は知っているか？【正当な評価の視点】

出典：エリザベス・H・イーダスハイム『P・F・ドラッカー――理想企業を求めて』ダイヤモンド社を参考に一部改変

あなたの会社ではどうでしょう。３つの条件をチェックしてみて下さい。

リーダーは働く人を活かし、社会の生産的な者にする責任を持つのです。

教育の仕組みについても、働く人の、心からの成長支援を考えてみて下さい。

組織は人でできています。人の成長こそ、まさに組織の成長なのです。人間こそが組織の中核であり、最大の資産なのです。人間以上の資産は、この世界には絶対に存在しません。

価値を生み出すのは機械やお金ではありません。価値を創造するのは、働いている人間です。働く仲間の人間としての成長を考え抜くのです。

人間は成長・進化するために、この世に生まれてきました。経営者の仕事の中で人の成長・魂の成長に貢献する以上に尊い仕事があるでしょうか？

働く人の成長に心から貢献することが、あなたがリーダーである最大の意義です。

ポイント

リーダーは働く仲間の人間的成長を、心から支援する指導者である。

働く人の成長を、心の底から支援しているか？　その仕組みはあるか？

一番の罪は、伸びようとする人間の魂の成長を卑しめ・阻害することである。

高い目標を掲げ、メンバーの成長欲求に火をつけ、最大に進化させせよ。

組織の強さは何で決まるのか？

組織の成長については、次の点を踏まえる必要があります。

- ・組織が、はじめから優秀な人材を採用できることは極めて少ない。組織文化によってメンバーの自律的な学習・成長の欲求に火をつけよ。
- ・組織の強さを決めるものは、メンバーの持つ知識の卓越性である。メンバーが相互に学び合う場を設け、学習する組織を実現せよ。

組織の強みは、事業に関する知恵であり、学習する組織文化を創ることが重要

組織の強みの源は、事業に関するノウハウ（知恵）です。

ドラッカーも、組織の優劣の違いは、事業に関して学習している組織と学習していない組織の違いであると言っています。

参考：P・F・ドラッカー『ドラッカー365の金言』訳：上田惇生　ダイヤモンド社　194ページ　2011年　第9刷

そのために、組織の知恵が卓越するように、学び・教え・相互に高め合う組織（学習する組織）を創らなければなりません。リーダーはメンバーを自己啓発・成長へと鼓舞する教育者です。

学習する組織に進化するためには、社内読書会・成功事例共有会議の2つが有効です。

〈実践事例〉社内読書会の開催

経営・人生の良書を読み合わせ、意見を通わし、学び深めるというシンプルな会です。月に一度の読書会を一年開催するだけで、マネージャーが著しく成長します。

同じ本を読み、意見を交わすことでベクトルも揃(そろ)いますし、相互理解も深まり、チームの強化になります。課題書籍を月ごとに、数章ずつ読み進めます。

社内読書会では、次の4点に着目し書籍を選びます。

【社内読書会のテーマ書籍】

①経営理念を深め、チームの一体感・使命感を高めるもの（経営理念・経営計画）

理念・使命については、社長が開催する塾形式で、経営理念・経営計画を読み下し、熱い想いをメンバーに伝えます。それを受けたメンバーが自社の存在意義・あるべき姿・重視している価値観などについて、忌憚(きたん)のない意見を交わします。近年多くの会社で成果を上げている、稲盛和夫さんの提唱する、稲盛流コンパも同様です。

②業界の専門知識・スキルを深めるもの（専門書）

専門書や、各部門の優秀人材の講義を通じ、業界動向・商品知識・スキルなどを学びます。

人は教える時に一番成長します、メンバーが相互で教え合うという形をとれば、教える側の知識も整理され、成長につながります。

③経営・マネジメントに関するもの（経営学）

経営の最重要であるマーケティングを理解し、その後にイノベーション、マネジメント・リーダーシップ、ファイナンスなど、経営知識を学びます。

コンサルタントや教育機関をファシリテーターとして活用する場合は、業界の枠にとらわれない思考や外部事例を修得できる利点もあります。

④人間としての基礎・土台を創るもの（人間学）

論語などの古典・名経営者の実践学・人生訓・宗教などの人間の魂の根底に迫る書籍を読み、人間としていかに成長すべきかについてを対話します。

〈実践事例〉成功事例共有会議

組織は情報の集まりです。成功した仕事のプロセスを共有し、全員が再現可能なものにすることで組織全体の知が強化されます。成功事例共有会議は、学び合い、教え合う組織の実践です。営業部門などでは、その月に素晴らしい成果を上げた者を讃(たた)え、成果がなぜ生まれたかについて、発表してもらい、分析・共有します。成功した人は、誇るべき機会を与えられたことになります。また、成功プロセスを人に教えられるように整理することで、自己のノウハウを客観的に眺め、さらにブラッシュアップすることもできます。

教える場・教わる場を設定すれば、組織自体が「学習する組織」に進化します。

一般に教える側には、教わる側の10倍の知識が必要だと言われます。15分社内で講義しようと思ったら150分は予習が必要になるのです。このため人は教える時、自らが最も多くを学び、成長することができるのです。

自発的に学び合い、高め合っていこうという、成長風土を創ることが経営者の仕事です。学習する組織を実現する際に、最も重要なことは、指導者の持つ志（信念）です。指導者の信念とは、「仕事を通じて全社員に成長し、成功してもらいたい、最高の自己実現をしてもらいたいと、胸に決意し、理念として持つこと」です（挑戦心を持って日々の業務に邁進（まいしん）する過程（プロセス）を〝人格的成功〟と私は定義します（208ページ参照）。結果の成功のみでなく、成長過程を重視した成功を指します）。

メンバーの人間としての成長を実現することこそ、あなたがリーダーである意義です。働いてくれているメンバーの成長と自己実現を心から願うリーダーの崇高な情熱こそが、メンバーの学習意欲に火をつけ、組織文化が卓越していきます。

メンバーのベクトルを合わせ、自己啓発を動機付け、成功事例を共有・反復可能なものにして、互いの魂を磨き高め合いながら、学習する組織を実現するのです。人間の成長は無限です。最大の期待をして、組織を人間的成長へと導くのです。

組織の強さを決めるものは、メンバーの持つ知恵による卓越性である。経営者は自社を自律的に学習する組織に進化させよ。社内勉強会・成功事例発表会・継続学習による自己啓発により、それは実現できる。

組織メンバーのセルフイメージを高め、誇りあるものとせよ

歴史上の偉人は、己に限界を定めず、無限の期待をして、周囲の想像もつかぬ大きな仕事を成し遂げました。自分を信じ、大きく期待すれば、人はその分だけ成長し、達成する人生のゴールは大きなものになります。

私は、多くのリーダーに会いますが、高い成果を上げている人に共通する特徴があります。セルフイメージ、つまり「自分はできる！」という、自己信頼感が高いということです。

営業ではこの違いが顕著です。トップセールスマンと売れないセールスマンは、能力に大きな差があるわけではありません。違いは、トップセールスをとる人は自己への期待感・信頼感・自信といったセルフイメージを意識して高く持っている人が多いのです。自信・態度を一流の心構えし、少し上質な服装をして、日常の意識を高く持てば、その人の魅力は増します。事業の基本は「人」です。魅力が増せば、ビジネスがうまくいく可能性はより高くなります。

セルフイメージが上がれば、それだけで成果は高まる

仕事は人格の延長です。高いセルフイメージを保ち、積極的な姿勢を持つだけで、パフォーマンスは高まります。

昭和の思想家、中村天風は、「まず人間をどこまでも創りこめ。事業はその後についてくる」と言います。

参考：池田光『中村天風―打たれ強く生きる１００の言葉―』１９７ページ　成美堂出版　２０１３年　第１刷

人間を創りこむというのは、自己を研鑽し、自己への強い信頼感に満ち、高いセルフイメージを保ち続けていくことです。

セルフイメージを高める方法

セルフイメージを高めるために、手軽な手段があります。ちょっと良いスーツ・小物を身につけてみる。いつもより良い店に入ってみる。志の高い人の交流会に参加してみる。姿勢を正し、胸を張ってみる。消極的な言葉をやめ、積極的な言葉を大きな声で話すようにするなどです。

またほかにも、モデリング（自分が将来なりたいイメージを実現するために近いもの（服装・姿勢・言動・振る舞い）をまねていると人間は自然とそのイメージを現実化させていく方法）があります。成功したければ、成功している人の行っていることをそのまままねてしまうのです。

中小企業の場合、社員さんの中に「自社に大きな誇りは持てない」「仕事に多くを期待していない」と言う人が多いのは残念なことです。メンバーに自信を持って、日々の仕事や自己啓発に取り組んでもらう必要があります。どんな企業規模においても、人としての志だけは決して卑しくなってはいけません。

経営者には、働く仲間を誇りある人とする責任があります。社員に、自分は誇りの持てる組織で、誇りある仕事をしている価値のある人間だ！　と感じてもらう責任です。

自分のことを本当にあきらめてしまっている人など世の中に一人もいません。もし、仲間が誇りを失って、自己のプライド（自尊心）を失いかけているとしたら、励まし、鼓舞し、高い志を持ってメンバーの視座を高め、癒やし、自尊心を回復してあげるのです！　小さな会社でも、自分のもとに集まってくれた仲間を、尊い仕事を通じて、誇りを持った一人の人間として成長してもらうことこそ、リーダーの義務なのです。志高く挑戦していきましょう。

ポイント

・人は自分に期待した分だけ成長する。メンバーのセルフイメージの限界を取り払え！
・メンバーの眠れる自尊心を目覚めさせ、癒やし、鼓舞し、全ての人を「真のリーダー＝人生の主人公」とし、誇りある者として覚醒させよ！

組織の強さの源は知恵である

組織と属する人の強さの源は、そのビジネスに関する知恵・ノウハウです。その分野において、いかに卓越した知識を蓄えているかで、ビジネスの強さが決まります。

情報社会では、知識はすぐに陳腐化してしまいます。常に最前線に立ち続けるためには、知識を最先端へとブラッシュアップせねばなりません。

例えば税理士の場合、税法は毎年改正されます。現在は最新知識で活躍している税理士も、改正に合わせ情報を最新のものにアップデートしていかないと、すぐに陳腐化して役に立たなくなってしまいます。

情報社会において重要なものは、常に知識を最新に保つ、継続学習です。

仕事をフロー型からストック型に変える

成果を上げる人の多くは、仕事をフロー（自分に蓄積せず、流れていくもの）ではなく、ストック（経験値として蓄積していくもの）として捉えています。

ある人事部長は、毎日の業務で様々に生じる課題を、将来に人事コンサルタントとして独立するための知識として蓄積し、日々実力を高めています。

どのような仕事でも、その場で学べる専門知識・経験はかけがえのない価値です。その知恵をその場限りにしてしまわずに、自己の知識として蓄積できるストック型の人が、組織を離れたとしてもスカウトされるような、ビジネスでパワーのある人間として成長できるのです。

現業務で得られる知識・経験をこの後、どのようにしたら今後の人生に、最大限にストックとして活かしていくことができるか考えてみて下さい。

人間の能力に大差はありません。ビジネスの優劣は、学んでいるか学んでいないかの違いです。


人は、自分に大きな期待をすればするほど偉大な成長を遂げます。

自分で決めない限り、人間の可能性に限界はありません。

大宇宙が創造した、偉大なあなたの能力に限界はないのです。

大宇宙を創造した偉大なエネルギーと同じ力が、あなたの中には内在しているのです。


己に無限の期待をして学び、専門性を高めていく人が、人生の舵（かじ）をとることができるのです。

全社員をコンサルタントと定義する

フロー型からストック型に進化するために最適なコンセプトがあります。それは自分の仕事をその分野の専門のコンサルタントと定義することです。

コンサルタントの強みの源は、専門分野の知識です。知識のないコンサルタントはコンサルタントとして全く無価値です。

組織のあらゆる仕事を、専門分野のコンサルタントと定義すると3つの効果があります。

> **①自分の仕事の強みのもととなる専門性・専門知識が明確になる【知識】**
> **②知識として何を学び続ければ、より自分のビジネスが卓越するのかが明確になる【学習】**
> **③専門家としてのプライドが高まる【誇り】**

例えば受付事務の人は、「おもてなし専門のコンサルタント」

①仕事の強みのもととなる専門知識は、マナー・言葉使い・礼儀作法全般、と言えます。

②より卓越しようと思えば、マナーのセミナーを利用したり、接客やおもてなしの業界で活躍している人の書籍を月に数冊読んだり、実際に一流のホテルのサービスを体験するということも考えられます。数年もすれば、新人研修のセミナーができたり、社内で教育係になったりすることも可能です。

③仕事へのプライドも高まります。

総務経理の人は、「財務専門のコンサルタント」

①仕事の強みのもととなる専門知識は、簿記・管理会計・原価計算・コスト削減・金融機関との付き合い方など、と言えます。

②より卓越しようと思えば、簿記の資格勉強や会計セミナーを利用して、数年もすれば強固な財務戦略をつくる企画担当者になることも可能です。

③仕事の誇り、働きがいもより高まります。

他にも人事部の人は、社労士の資格をとって専門性を上げ、人事専門のコンサルタントとして社内で活動します。営業の人は、あらゆる営業のスキルをセミナーや様々な業界のトップセールスの書籍を読み、営業コンサルタントとして自分がトップになるのみならず、チームをトップセールスの集団にすることもできます。

研修時に、私は各部署の担当者に自分をコンサルタントとして定義してもらいます。自己の仕事に対する専門性に気づき、何を学び強化すれば自己のビジネス価値が高まるのかということを、この定義は気づかせてくれます。

知識社会において卓越していくためには、知識を最新に保つための継続学習が欠かせないのです。定義づけの良いところは、メンバーの誇りを高め、鼓舞し、成長への意欲を燃やしてくれることです。仕事の定義づけは、その仕事に対する意識まで変えてしまいます。

受付事務ではなく、「接遇のプロのコンサルタント・コンシェルジュ」と定義した時、自己の仕事に対するプライドはより高まります。

自己のビジネスの価値を感じて、大きく期待すれば、人はそれだけ高みに到達するのです。

組織の強さの源である知識を持つのは働く人自身です。メンバーの持つ専門知識を高め、卓越したメンバーへ成長してもらうにはどうしたらよいのかを、リーダーは常に考える必要があります。

〈事例〉受付けではなく、おもてなしコンサルタント（コンシェルジュ）と定義したAさん

受付事務のAさんは、このコンセプトを活かして、自分の仕事を「わが社に来てくれた人がまた来たくなるようにおもてなしをするコンシェルジュ」と定義しました。

Aさんは、一流ホテルマンの書いたホスピタリティの書籍を読んだり、フライト・アテンダントが講師を務める接遇セミナーに行ったり、華道を勉強し始めたのです。私がAさんの会社を訪問した時には、応接室には素敵な花が生けてあり、とても気持ちの良い空間に進化していました。

その後の応接対応には、驚きました。Aさんは打ち合わせ時に出す飲み物のメニュー表を綺麗に作り、顧客に出しているのです。熱いお茶、ホット・アイスのコーヒー、ミルク、青汁まで、Aさんのコンシェルジュとしての誇りと、創造性が爆発する瞬間を見ました。打ち合わせに訪れる人は皆感嘆するでしょう。

仕事の定義づけは、働く人の意識まで全く変えてしまうのです。Aさんは今では、メンバーの先頭に立ち、顧客がまた来たくなる会社を創ろうと業務改善に取り組んでいます。最高の受付事務(コンシェルジュ)の誇りに満ちて、さらにレベルを高めるための継続学習(自己啓発)が始まっているのです(継続学習による成長と誇り)。

「組織の優劣は、メンバーが学んでいるかいないかで決まります」

リーダーは、働く人に誇りを与え、その人の創造性を最大に爆発させ、開放するのです。

働く人をライトの煌(きら)めくステージに立たせて、照らし出し、最高の自己実現と魂の進化を応援するのです。メンバーの卓越した成長・進化こそが、組織のエネルギーを増大させます。

・組織の強みの源である、メンバーの持つ専門性・知識・スキルを成長・卓越させていく。
・自分を専門のコンサルタントとして定義し、継続学習の習慣を持つ。

コラム　移動時間は最高の学びの場

コンサルティングをしていると、学び成長する喜びに目覚め、より高い成果を上げたいという熱心な受講者に会うことがあります。

ある時、相談を受けました。北海道を担当している営業マンは、車の移動だけで片道2時間かかることもざらで、都内の電車通勤と違い書籍を読む時間がとれなくて困っているとのことでした。私は移動中の学習には音声学習を薦めています。自己啓発書を音読したものや、経営・営業力強化や自己啓発のCD教材はネットで検索すれば多く出てきます。

もし、車での移動時間を勉強時間と考えると、1日4時間も勉強できます。これを積み重ねたら成果はどう変わるでしょう。組織の強さは何で決まるか？　学んでいるかいないかで決まります。ビジネスパーソンの強さも同じです。

成果を上げる人は学びへの投資を惜しまない

高い成果を出す人に共通するのが、自己に対する投資を惜しまないということです。書籍を買うのにお金を惜しんでいる人で、高い成果を出している人には会ったことがありません。

中小企業の社員さんの中には、月に1冊もビジネス書を読む習慣のない人も多いのが現状です。

組織の中で成長可能性を秘めているのは「人」です。継続学習の重要性を伝え、メンバーの自己啓発を動機づけることで、学習し成長する集団として進化していきます。

福利厚生として図書購入や教育補助の仕組みを整え、メンバーに自律的な学習を動機づけ、組織として、継続学習の文化を創ることが重要です。

ポイント

組織にどのようにして、継続学習の習慣を身につけてもらいますか?

外部のブレインチームを創る

現代ビジネスにおいて、情報的に孤立するほど危険なことはありません。孤立とは、独りぼっちになるという意味ではありません。内部志向で組織の中だけに閉じこもり、情報的に孤立することです。

事業のブレイクスルーとなるようなアイデアは、業界内ではやり尽くされていることが多く、業界の外にこそ、ブレイクスルーのヒントが落ちています。アイデアは常に「外」にあります。

経営者・経営幹部は、外部のブレインチームを持つべきです。異業種の仲間・コーチ・コンサルタント・士業など、様々なブレインチームを持っていると、アイデアに行き詰まったときに相談したり、コラボレーションして事業を創ることもできます。

メーカーの営業部長は、部門の成績を上げたければ、異なる業界でトップセールスを張っている仲間に営業強化のアイデアを教えてもらい、自社に展開することもできるのです。

私のクライアントの社長は、外部の識者・コンサルタント数名と3カ月に一度は面談し、事業の新たなアイデアの創出、ビジネスを拡大させるヒントを探す機会を設けています。その仲間たちをブレインチームと名付け、組織図にも入れ、外部事業部門と考えています。自身の経営方針と外部の最新のアイデアを吸収しながら、知識を絶えずアップデートしています。

積極的に異業種の交流会や、起業を目指す挑戦的なエネルギーを持つ仲間と交流することは、社長・幹部のみならずマネージャーにも必要です。志の高い仲間との交流によって、視野が広がり、新たな事業アイデアが生まれ、起業家として貪欲にビジネスを捉えることができます。マネージャーが、このような意識で業務に取り組めば、パフォーマンスはより高まります。

組織の中だけでは、アイデアは限られます。外部のネットワークを持ち、知恵を常に高め、最高のものにアップデートしていくことが重要です。

異業種勉強会・セミナー・交流会などに出席し社外の知的ネットワークを創る。

経営戦略立案は社員教育

経営戦略は何のために立てるのでしょう。

戦略の目的は、組織のパワー（人・モノ・カネ）を集中し、成果を高めるためにあります（第3の原則（成果志向）（１０８ページ）にもあったように「成果を上げるためには集中せよ。」です）。やるべきことの多い経営の中、戦略を立て、重点項目に集中することで、はじめて成果を上げることができます。

経営戦略は、第一に組織にとってコミュニケーション（共通意識形成）の役割を果たします。各メンバーが組織の方向性を理解し、正しい行動に集中できるようになることが、戦略の第一の目的です。

第二に、経営戦略立案は、意識のすり合わせだけでなく、教育のためのツールでもあります。プロセス参画理論というものがあります。プランの実行計画を立てるときには、リーダー一人だけが立てるのではなく、皆でいろいろ意見を出し合い、その計画に関わる人が多いほど、実行レベルも高まるという考えです。

会社のイベントで、春のお花見をやるとします。リーダーがすべて決定してしまうよりも、場所はどこがいいか、ケータリングはどうするべきか、ゲームはどうしようかなどと、話し合ったほうがメンバーの計画への参加意識がより高まり実行レベルが上がるという考え方です。

戦略も同様です。時間はかかりますが、社長一人でやるよりも、経営幹部や部下と、会社のあるべき姿・課題について考察し、共に立案するほうがメンバーの実行度は高まるのです。

また、戦略を立案するためには、環境分析・マーケティング・イノベーション・管理会計など・様々な経営の基本知識が不可欠です。戦略立案のための分析は、経営を学んでいないと対応できません。戦略立案は組織内で経営力を強化する良い機会になります。

戦略立案を経営幹部の経営力向上の機会と捉え、教育の場として活用して下さい。机上の理論を学ぶよりも、実践的に経営学を学ぶことができます。

同時に、メンバーのベクトルを合わせるコミュニケーションの場としても戦略策定の場を考えてみて下さい。学習しベクトルが合い一丸となった組織こそ、大きな成果を上げるのです。

ポイント

戦略立案を経営幹部と行うことで、意識のベクトルを合わせ、社員教育の場が生まれる。

［原則］5 リーダー確立の原則

起業家精神に満ちた挑戦的な会社
自己とメンバーの誇りを確立する

リーダーシップカンパニー

■リーダーシップとは人気取りではない。
それは自分が正しいと心から信じたことを、
万難を排し、貫徹することにある。

■使命感・価値観に基づく、
強烈なビジョン【未来像】を組織に確立せよ。

■リーダーの持つ高い「志」こそ
メンバーの視座を高め、高い成果に挑戦させ
偉大なことを成し遂げさせる原動力である。
志を固め、高く掲げよ！

リーダーシップカンパニーを実現する

リーダーシップ＝起業家精神を宿し、組織に挑戦させよ

「メンバーの自尊心を取り戻し、人生のリーダーとせよ！」

リーダーは使命感を持って、経営の中で2つの責任を果たします。第一に組織に成果を上げさせる責任であり、第二に働く人を活かす責任です。現代社会の盛衰はリーダーにあると言っても過言ではありません。これからは、すべての人がリーダーになる時代です。世の中をより良くするという使命感に燃える経営者がリーダーシップを確立し、組織のリーダーシップに火をつけていきます。本書では3つのリーダーを定義します。①組織に明確なビジョンを示す【ビジョナリーリーダー】、②新たな変革を推進できる【チェンジリーダー】、③ゼロから事業を立ち上げることができる【起業家リーダー】。経営者と共にメンバーが3つのリーダーシップを確立します。

この章のコンセプト

誇りある、起業家としてのリーダーシップを確立する。

■効果

経営者自身のリーダーシップが強く確立する。
メンバーが強いリーダーシップを確立し、挑戦し続ける会社に進化する。

■何を実現するのか？

自己のリーダーシップを確立し、その後、組織のリーダーシップに火をつける。

■実施手順

⑴ビジョナリーなリーダーへ進化するワーク
⑵チェンジリーダーへ進化するワーク
⑶起業家リーダーへ進化するワーク
⑷社長の決意表明シート

経営におけるリーダーシップの機能

マーケティングとイノベーションで顧客を創造し、生産性を高め、学習する組織として成長・卓越していくことがマネジメント（経営）です。リーダーシップはマネジメントの核となるものです。偉大な組織かそうでないかは、すべてリーダーの責任です。リーダーシップの確立なくしては、いかなる成果を生み出すことも不可能です。

組織の問題はすべてリーダーシップの問題

組織に起こるすべての問題はリーダーシップの問題です。経営者のみならず全メンバーのリーダーシップが組織を構成します。自身のリーダーシップを確立し、メンバーのリーダーシップを確立させ、主体的に発揮してもらうことが経営の成否の鍵となります。そして、マネジメントを担うリーダーこそ、自由で平和な現代社会を守る最後の砦(とりで)です。

リーダーシップの本質(人間の在り方である)
——ドラッカーがリーダーに求めた真摯さと松下幸之助の素直さ——

リーダーにはどのような性質が求められるのでしょうか。リーダーの性質を語る上で、ドラッカーほど本質的な発言はありま

経営の基本機能(顧客創造)とリーダーシップの関係

顧客(ファン)の創造

①マーケティング
顧客・市場を理解する

②イノベーション
とらわれを解き放ち変革する

マネジメント(経営の基本機能)
マーケティングとイノベーションで顧客を創造する

リーダーシップ(経営のすべてに責任を持ち、問われる存在)
マネジメントを推進するエンジン・コア(核)となるもの

せん。

ドラッカーがリーダーに求めた絶対条件は、「リーダーは真摯でなくてはならない」です。

参考：P・F・ドラッカー『マネジメント』エッセンシャル版　編訳：上田惇生　ダイヤモンド社　130ページ　2013年　第51刷）

ここで言う「真摯さ（Integrity）」は、リーダーシップとは何かを理解するための最重要ワードです。

ドラッカーは、真摯さは、後天的に身につけることは不可能だというくらい、リーダーの備える高潔さ、人としての品位を求めます。

ドラッカーの経営学が、日本の多くの経営者の心を捉えて離さないのは、この真摯さに始まる高潔な倫理観が根本にあるためだと考えています。

この真摯さを具体的に捉えると、それは誠実・真剣であったり、武士道の五常の徳（仁・義・礼・智・信）といった、人間として根本的に有していなくてはならない人生・職務に向かっての真剣な態度です。似た言葉に、西洋には「ノブレス・オブリージュ（高貴な者の義務）」という言葉があります。

ドラッカーは、リーダーはリーダーたる所以（ゆえん）である、真摯さを持っていなくてはならないと強く訴えるのです。

では、真摯さをどのように日常で実践すればよいのでしょう。

帰途の時間や就寝前に、リーダーとして「今日、自分は真摯であったか？」と問いかけて、内省してみて下さい。たとえ仕事ができても、真摯でないリーダーは組織の根幹となる文化を破壊します。人材登用の際にも、そのリーダーが、「人間として真摯である」かどうかが、第一に重要な基準です。

経営が成功する前提として、経営のハウツー（やり方）よりも、人間としての在り方（高潔さ）の重要性を説く、それがドラッカーのマネジメント思想です。卓越した経営を行うためには、まず「人間としての姿勢・在り方」が問われるのです。

リーダーシップとはＤＯ（何を行うか？）ではなく、ＢＥ（いかに存在するか？）なのです。

真摯であることこそ、リーダーの在るべき姿です。

日本最大の経営者、松下幸之助は素直さの重要性を訴える

松下幸之助は、リーダーの条件として、素直であるということを一番の基本にしました。『素直な心になるために』という書籍を記すほど、素直さを重視しました。

松下幸之助は「成功するためには、素直でなければならない」と言います。では、なぜ素直でないと成功できないのでしょう。松下氏は次のような趣旨を述べています。

参考：松下幸之助『成功の金言３６５』ＰＨＰ研究所　81ページ　２０１１年1月　第1版　第一刷

> 素直な心は、鏡の心、一番強い心である。
> 私心にとらわれず、素直であれば、物事のあるべき姿・道理が見えてくる。
> 事業のありのままが見えてくれれば、間違うことはない。
> よって素直な心であれば誤ることがない。
> 成功するためには、素直な心でいることが大切なのである。

そして、出社前には、今日一日、素直であれますようにと祈り、就寝前には、一日、自分は素直であったか？　と深く反省していました。素直な心であることを、それほど重視したのです。ドラッカーの真摯さと、松下幸之助の素直さ、双方から見えるものは、「事業を成功させるためには、経営のやり方（ハウツー）よりも、人間としての正しい在り方が必要である」ということです。人間として、真摯に、素直に自分を見つめ磨く必要があるのです。では次に中国古典に定義されるリーダーを見てみましょう。

中国古典に見るリーダーシップ――権力ではなく、責任である

中国古典では君子（リーダー）の役割を「人の持つ徳性（本心・良心・強み）を発露させ、解放することである」と定義します。リーダーシップとは人を支配するパワー（権力）ではなく、組織に対する、人を活かし解放することに対する「責任」なのです。

リーダーは働く仲間を最高に活かし、組織に成果を上げる責任を持ちます。働く仲間の徳性を解放し、潜在エネルギーを解放し、高い目標を達成するためには、メンバーの独自の「強み」を用いなければなりません。

あなたがリーダーである意義は、唯一働く仲間を活かすという点にあります。

だからこそ、社員はあなたのもとに集ってくるのです。働く人が活かされない組織は、組織の正当性を持ちません。人は独自の存在としてこの世に生を受け、人の尊厳に上下はありません。すべての人が、独自の個性（強み）を持って、活かされるために、社会に存在しています。

リーダーシップとは、働く仲間を活かす責任です。

リーダーの責任を踏まえる時、人を活かし、幸せな会社を創るためのよりどころは明確です。人間が中心であり、「人間重視の経営こそが、真実」だということです。

働く人が、生き生きと働ける会社をつくるということです。

あなたは、働く仲間の持ち味（強み）を活かし、徳性（潜在的なパワー）を解放し、人間を成長に導く、責任ある指導者なのです。

卓越した経営を行うためには、まず人間としての在り方が重要である。
リーダーシップとは人を統制支配する〝権力〟ではなく、人を活かすことに対する〝責任〟である。

リーダーの志は天よりも高くあれ（ナンバーワンを宣言する）

私は、組織の優劣というものについて、優れた組織と平凡な組織があるのではなく、そこに優れたリーダーと平凡なリーダーがいるだけだと考えています。さらに言えば、それはメンバーの優劣があるわけではなく、リーダーシップの優劣だと言えます。

すなわち経営に起こるすべてのことについてリーダーの責任だと自覚し、たゆまぬ精進を続けることが必要です。

リーダー以上になる組織はない。リーダーの限界が組織の限界

リーダーの器以上に組織が成長することはありません。リーダーの限界が組織の限界です。ドラッカーは、リーダーシップとは、「メンバーの視座を高め、人格を陶冶し、制約を超えさせるものである」と述べています。

参考：ウィリアム・A・コーン『ドラッカー先生のリーダーシップ論』武田ランダムハウスジャパン出版 22ページ 第一刷

リーダーの視座は圧倒的に高くなければなりません。なぜならば、メンバーの視座がリーダーを超えることはないからです。

リーダーの志は、天よりも高くなければなりません。そうでなければ、組織とメンバーの成長に限界を設けてしまうことになります。

リーダーの志が高くなければ、組織は卑しくなる

江戸城無血開城の立役者、勝海舟にこんな逸話があります。

江戸幕府の重要な役目を務めていた勝海舟には、反体制派の維新の志士たちが多く訪ねてきました。反体制派の志士は浪人の集まりで、志士に共してきた部下である書生たちの中には、彼を前にするとおどおどと震えてしまう人も多かったそうです。

そんな時に勝海舟は、浪人のリーダーに言いました。

「この人たちは今はまだ書生さんだが、決して卑しい思いをさせてはいけない。なぜならばこの人たちが、教育と自己鍛錬によって大成して、日本の将来を変えるかもしれないのだから」

勝海舟の書生に対する優しい発言に、日本を背負って立つリーダーの気概を見ることができます。

参考：石川真理子『ポケット勝海舟修養訓』致知出版　第一刷

高い志を持ってメンバーを鼓舞し、一見不可能に思えるような制約を超えてもらうことこそ、リーダーの「人としての意義」です。

リーダーの崇高なビジョンによって導かれた時、人は偉大な仕事を成し遂げます。リーダーの責任を強く認識して下さい。

お勧めするのは、地域一・業界一・日本一という、「一番」の目標を高く掲げてもらうことです。

一番になる目標を設定する

組織を鼓舞するために、「一番」というのは最も分かりやすい目標です。私もドラッカーを専門とするコンサルタントとして日本一を目指し、自分への決意の意味でセミナーで宣言し、その気概を持って日々活動しています。

私のクライアントには、セミナーに出席した後、リーダーとして「ナンバーワン」の目標を設定する人が多くいます。

高い志こそリーダーが胸に持つものです。

リーダーは組織の視座を高め、制約を超えさせなければなりません。そのために、リーダーの志が圧倒的に高くなければいけないのです。たとえ、現在は一番ではないとしても、一番を目指すとなった瞬間に、リーダーとしての気概と覚悟が熱き血潮に火をつけます。日本一、地域一、業界一、顧客満足度一番、リピート一番、とにかく一番であることが大事なのです。二番ではだめなのです！

圧倒的に高い志・気概・挑戦心が組織の視座を高め、妥協をなくさせ、勇気に変わるのです。

リーダーとして、圧倒的に高い志があるか？

組織の視座を高めているか。

リーダーとして設定するナンバーワンの目標は何か？

常に問いかけ続けましょう。

次は、実践経営の中でリーダーシップを高めるポイントです。

リーダーシップを圧倒的に高める3つの定義

日本では、リーダーを育てるときには、優れたリーダーに〝私淑する〟ということを行ってきました。この〝私淑する〟とは、理想とするリーダーを目標として徹底的に研究し、自己と対比し、自己の在り方を反省し高めていくことです。優れたリーダーの人格に習い、自己を近づけていくのです。

現代の卓越したリーダーに学ぶ3つの卓越要素

本章では使命感を前提として、リーダーシップの3つの型を定義・確立します。

【根底】事業遂行への使命感を持っている（ミッショナリー）（第6章）で扱います）。

リーダーシップの3つの卓越要素

①ビジョナリーリーダー（使命に基づく明確なビジョンを組織に提示することができる）
②チェンジリーダー（世界をより良い方向に変革することができる）
③起業家リーダー（事業をゼロから立ち上げることができる）

リーダーを学ぶ際には、論理的な分析よりも、卓越したリーダーの姿を見て生で感じること、つまりセンス（感性）が重要です。

アフガンの砂漠に水路を通す！　気骨のある日本人の持つ偉大なリーダーシップ

アフガニスタンの砂漠で20年以上も活動し、24キロメートルもの水路を築き上げて、多くの村人を救った医療NGO・ペシャワール会の中村哲さんは現代の偉大なリーダーです。

中村さんはもともと医師としてアフガンで救助活動を始めましたが、いくら医療活動をしても、戦争の根本の問題である貧困が解決しないことには何もならないと、全くの門外漢である非営利の建設事業を立ち上げて遂行・完成させました。敵と間違えられ、米軍に機銃掃射されるような困難な状況や、日本人の仲間が現地の過激派に殺される状況に出会いながらも、自分以外の日本人をすべて帰国させ、たった一人の日本人として、折れることなく事業を完成させた信念の人です。

６年もの歳月をかけ、遂に水路は完成します。岩だらけの大地に水が走る瞬間に、アフガンの人と中村さんの目に涙があふれます。自らを捨て、命を懸けて村人に尽くしたリーダーの偉大さに胸を打たれます。

中村さんが、アフガンの人の前で最後のプロジェクト完遂前に、皆を鼓舞する演説を行います。とても小さな体の中村さんですが、全身から強力な使命感に基づくエネルギーがほとばしり、周りの人の目付きが変わります。真のリーダーの姿を見る瞬間です。

「雨の日も、強い日差しの照りつける日も、あなた方は一生懸命に働いてくれました、今私たちは目的地に到達しようとしています。この用水路が未来の希望となることを祈っています。必要なものは、水と食べ物です。戦争では何も解決しません」と熱い眼差しで訴えます。

企業の中では、たった数人の部下からも信頼を得られずリーダーシップをとるのに苦労するリーダーも多い中、なぜ中村さんのもとには何百人というアフガンの人が集まり、卓越したリーダーシップを発揮できるのでしょうか。強い使命感を持ち卓越したリーダーを考察すると3つの要素が浮かび上がります。

【中村医師の持つ卓越したリーダーシップ】——根底【強い使命感に導かれている】

使命感はリーダーシップの根提としてとても重要です。中村医師はなぜ、日本人の仲間が殺されてもアフガンの危険な地において、挑戦を続けたのでしょう。日本に帰って何不自由ない暮らしをすることもできたはずです。しかし彼には使命があったのです。自らの命を投げ出す覚悟で挑んだのは、事業に対する強い使命感を感じていたからです。リーダーシップの根幹には事業に対する使命感があります。

【卓越したリーダーに進化するための3要素】

(1)ビジョナリーリーダー（使命に基づく明確なビジョンを組織に提示できるリーダー）

何もない荒野に中村医師が示したものは、水路、平和な世界、作物が実った村、笑顔という国の未来のあるべき姿です。ビジョンに鼓舞され、村人は岩だらけの大地で日に照りつけられながら格闘したのです。圧倒的に高い志とビジョンで、メンバーを鼓舞し、制約を超えさせたのです。

⑵チェンジリーダー（世界をより良い方向に変革することのできるリーダー）

医療行為のみではなく、世界をより良く変えたいという、変革志向のリーダーです。問題よりも機会を見る機会志向の積極的姿勢があります。

中村医師は、平和な世界が必ず未来に訪れるという確信を持って、様々な問題にとらわれることなく、その先にある未来（機会）に集中したのです。

⑶起業家リーダー（事業をゼロから立ち上げることのできるリーダー）

この⑴⑵が兼ね備わったリーダーが起業家リーダーです。

起業家とは、明日会社がなくなっても自己の力で事業を立ち上げることができるほど主体的で強力な人材であるということです。

志・使命に導かれ（ビジョナリー）、明日をより良きものに変革するリーダー（チェンジリーダー）として、何もない荒野でも事業を立ち上げる起業家リーダーに進化することが重要です。

起業家リーダーこそ、マネジメント（人間中心経営）のエンジンであり、自由で平和な民主主義社会を守る、現代リーダーの在るべき姿なのです。

リーダーシップの3つの定義の具体モデル

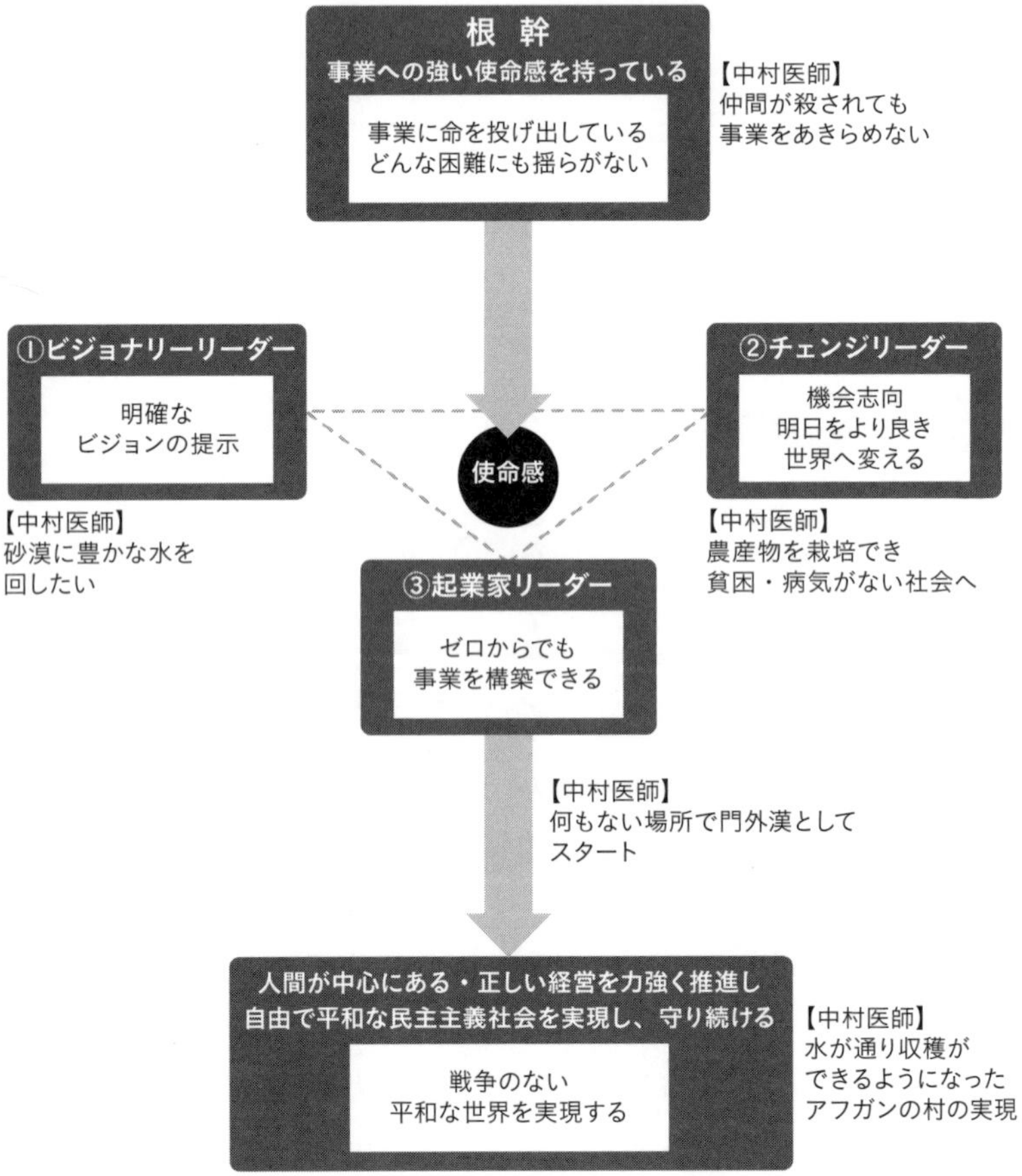

根 幹
事業への強い使命感を持っている

事業に命を投げ出している
どんな困難にも揺らがない

【中村医師】
仲間が殺されても
事業をあきらめない

①ビジョナリーリーダー

明確な
ビジョンの提示

【中村医師】
砂漠に豊かな水を
回したい

使命感

②チェンジリーダー

機会志向
明日をより良き
世界へ変える

【中村医師】
農産物を栽培でき
貧困・病気がない社会へ

③起業家リーダー

ゼロからでも
事業を構築できる

【中村医師】
何もない場所で門外漢として
スタート

人間が中心にある・正しい経営を力強く推進し
自由で平和な民主主義社会を実現し、守り続ける

戦争のない
平和な世界を実現する

【中村医師】
水が通り収穫が
できるようになった
アフガンの村の実現

組織におけるリーダーシップの確立モデル

ここでは、まず①ビジョナリーリーダー、②チェンジリーダーとしてのリーダーシップを確立し、その2つを統合して、③起業家リーダーに進化し、組織を変えていきます。

3つのリーダーシップを、経営者とメンバーが共に確立します。次のプロセスで行います。

> **【実現すべきリーダーシップの段階】**
> **【リーダーが確立し、メンバーへと展開する】**
> ①経営者が3つのリーダーシップを確立する。
> (ビジョナリー・チェンジ・起業家リーダー)
> 次に
> ②組織・メンバーが、リーダーに感化され、
> 起業家リーダーへと進化する。

実現すべき3つのステップ

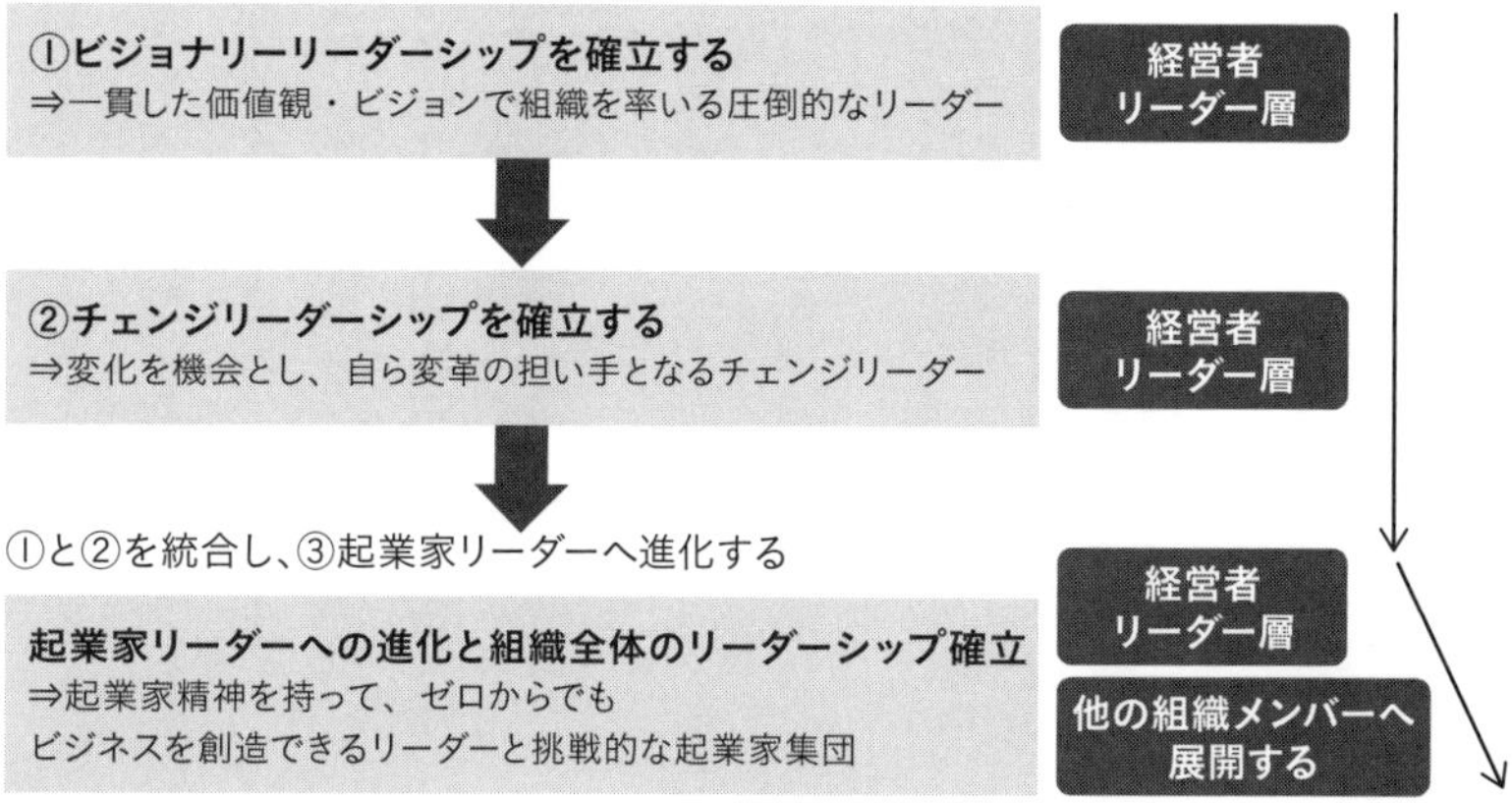

①ビジョナリーリーダーシップを確立する
⇒一貫した価値観・ビジョンで組織を率いる圧倒的なリーダー
経営者 リーダー層

②チェンジリーダーシップを確立する
⇒変化を機会とし、自ら変革の担い手となるチェンジリーダー
経営者 リーダー層

①と②を統合し、③起業家リーダーへ進化する

起業家リーダーへの進化と組織全体のリーダーシップ確立
⇒起業家精神を持って、ゼロからでも
ビジネスを創造できるリーダーと挑戦的な起業家集団
経営者 リーダー層
他の組織メンバーへ展開する

まずあなたがリーダーとして、自己を確立します。

次に、全社員をリーダーとして目覚めさせます。

（本章でのリーダーシップの確立とは⑴経営者自身のリーダーシップ確立と、⑵組織メンバーのリーダーシップ確立の２つの段階を意味します）

全社員のリーダーシップこそ、組織のマネジメントを推進していく強力なエンジンです。リーダーの崇高な仕事を進めます。とても忍耐のいる仕事です。やりがいのある「志事」です。

現代社会の最重要課題は、すべての人のリーダーシップの確立です。

今こそ、あなたが、全メンバーのリーダーシップを解き放つのです！

1 ビジョナリーリーダーシップを確立する

ビジョナリーリーダーの定義

ビジョナリーリーダーとは使命を軸として組織のあるべき姿を明確に提示できるリーダーのことを言います。組織のメンバーはリーダーの示す強烈なビジョンに惹（ひ）かれ、大きな仕事を成し遂げます。組織にはリーダーの示すビジョンが不可欠です。ビジョナリーリーダーシップは３つのステップで確立します。

Step① 価値観を確立する
⇦
Step② ビジョンを明確化する
⇦
Step③ 実践編　決意表明でメンバーを鼓舞する

ビジョナリーリーダーに必要なものは2つあります。

①明確な理念（ビジョン）

あなたが、未来にどのような組織を実現するかということです。

明確なビジョンを語れず、業務の細部に、何かにつけて口出しするような人はリーダーとは言えません。退屈な事務長に過ぎず、人を動かすことはできません。

②一貫した価値観（信念）

変転する市場環境の中、常に最適なアクションをとり続ける必要があります。リーダーのとる行動は、その都度変わるのが当然です。

しかし、根底となる価値観（信念）は、ぶれることがあってはなりません。明確なビジョンと一貫した価値観に、人は導かれていくからです。

本章では、まず②の価値観を明らかにすることから始め、次に①の明確なビジョンを確立していきます。順序は逆ですが、よりスムーズにリーダーシップを確立できます。

ドラッカーもリーダーの一貫性について、「リーダーが公言する信念とその行動は、一致しなければならない。リーダーシップは、賢さに支えられるものではない。一貫性に支えられるものである」と述べています。

参考：P・F・ドラッカー『プロフェッショナルの条件』編訳：上田惇生　ダイヤモンド社　187ページ　2009年　第54刷

Step① 価値観を確立する

人間中心の経営におけるリーダーシップは「志・使命」を核とします。強い使命に導かれ、明確なビジョンを示し、一貫した価値観を持って、メンバーを導き大事を為すのです。

リーダーの2つの責任

リーダーはリーダーであるが故に、組織に対して次の2つの責任を負います。

①働く人を活かす責任
②組織に成果を上げさせる責任

リーダーはこの責任を果たすために、明確なビジョン・一貫した価値観を持ちます。

一貫した価値観が影響力を高める

リーダーシップとは「影響力」です。

働く仲間を鼓舞し、組織に制約を超えさせ、高い目標を達成させるリーダーの影響力です。影響力の核（コア）は、一貫した価値観です。

影響力は、価値観の強さに比例して強化されます。リーダーの存在自身が、価値観の権化となり、周囲を感化する必要があります。

価値観を強めるために、自身の価値観を深く知ることが重要です。

価値観を明確にするために、次の3つのワークをしてみましょう。

① 尊敬するリーダーを挙げ、その人が持っている価値観を明らかにする

価値観を明確にするためには、尊敬するリーダーを思い浮かべます。歴史上・架空の人物でもかまいません。次に、そのリーダーが持っている価値観を列挙してみます。

（例）ドラッカー（真摯さ）、マザー・テレサ（慈愛）、ガンジー（不屈）、スティーブ・ジョブス（反骨心）、稲盛和夫（利他）

尊敬するリーダーは、あなたの大切な価値観の体現者です。重視している価値観が明らかになります。

②仕事、私生活において、絶対に許せない行為を挙げる
そしてなぜ許せないのか、自己のどのような価値観に反するかを明らかにする。

切れてしまうほどの許せない行為は、あなたの価値観に対するタブーを犯したというサインです。例えば、顧客にウソをつく（信頼感に対するタブー）・時間に遅れる（規律重視に対するタブー）。

価値観に反する行動を認知することで、重要な価値観がより鮮明になります。

③①②で分かった価値観を体現する「厳格なルール」を3つ設定する

重要な価値観が明確になったら、次に日常でどのような行動をすればその価値観を高めることができるのかを考えます。価値観を体現し、守るためのルールを設定します。

トランスポーター（運び屋）という映画では、主人公の運び屋は、自分に厳格なルールを課しています。それは、①契約厳守、②依頼者の名前は聞かない、③荷物は開けないというものです。このように、自己の価値観を強化し、守り抜くルールを定めて下さい。

価値観を高めるルールを定めることで、行動に一貫性が生まれます。

価値観と、体現する行動が合体する時、リーダーは一貫した価値観を体現します。

リーダーの行動は変わってもよい（君子豹変す……）。しかし価値観は一貫して守る

リーダーが発する言葉・行動は変わっても構いません。環境変化が激しい時代では、当然のことです。しかし、根底にある価値観は一貫している必要があります。

前に挙げたワークを行い、自己の内面を書き出してみることで、価値観がより明確化されます。

「明確さは力なり」という言葉にあるように具体化・明確化されたものは強いパワーを発します。

魂から湧き出る、強力な価値観によって組織を導いていくのです。

自己の価値観を知り、価値観を強化するルールを定め、価値観の権化となる。

Step② ビジョンを明確化する

リーダーの正当性

リーダーには正当性、つまりあなたがリーダーである意義（証）が必要です。リーダーは働く人を活かす責任があります。

人を活かすためには、個性（強み）を尊重しなければなりません。

リーダーシップの第一義は「人を活かすこと」に対する責任です。

使命・ビジョンで組織を導く

リーダーは使命感を持ち、明確なビジョンを示し、組織使命の実現に向け、仲間を鼓舞し、サポートします。この使命とは組織の存在理由そのもののことです。

ビジョンは、「組織が未来に向けどうあるべきか？　何を実現するのか？　どのように世の中を良くするのか？」ということを視覚化するものです。

このビジョンは、あなたは世界をどう変えるのか？　あなたがリーダーになると組織はどのように良くなるのかという青写真です。

マザー・テレサ、ガンジー、キング牧師。偉大なリーダーは皆、世界を変えるほどのビジョンを明確に示し、組織にインスピレーションを与え、メンバーに卓越した活動をなさしめたのです。

ビジョンなきリーダーは退屈です。そのようなリーダーは、働く人に対して、「組織の意義（大義）」を与えることができないのです。意義のない仕事は、創造性・やりがいを奪い、組織のエネルギーを低下させます。

明確なビジョンを組織に確立する必要があります。

己はビジョナリーであるか？　ビジョンを部下に示せているかを問うて下さい。

ビジョンは強烈で、メンバーを鼓舞するものである必要があります。リーダーの強烈なビジョンに鼓舞されて、部下は同志として動いてくれるからです。リーダーシップとは、明確なビジョン・使命感に基づくリーダーの「信念の発露」です。

ビジョナリーなリーダーであるか確認するために、次の質問を自らに問いかけてみましょう。

ビジョナリーリーダーのチェックポイント
①明確なビジョン（未来像）があるか？
②ビジョンを組織メンバーに確立し、示しているか、語っているか？
③使命感を持ち、ビジョンの実現へと向け、メンバーの成長をサポートしているか？

Ｓｔｅｐ③　実践編　決意表明でメンバーを鼓舞する

思うように社員が動いてくれない、覇気が感じられないという状況は、リーダーの価値観・ビジョンがメンバーに明確に伝わっていないために起こります。このような状況において、社長の決意表明は大きな効果を発揮します。次の社長の決意表明ワークシートを埋めて決意表明を行ってみましょう。

決意表明の３つのポイント

前に挙げた社長の決意表明について詳しく見ていきます。

①明確なビジョンを示す

リーダーはビジョンによりフォロワーを導きます。ビジョンを示すことではじめて、人々はつい

社長の決意表明

❶ビジョン　今後考える会社のあるべき方向性
（社長がつくり上げたいと思う理想の組織の姿）

❷価値観　社長個人として仕事で心から大切にしている価値観

❸社員のあるべき姿　社長が考えている自社での理想の働き方とは何か？

（❶〜❸：会社側の視点）

❹方針表明
社長が交代して、これまでと何が変わるのか？（ビフォア・アフターの形式で）
社員にとって、それは何のメリットがあるのか？**＝マーケティングの視点**

①処遇・給与
②人事体系・どのような人が優遇され昇進するのか（組織の理想の社員像）
③社員の評価・成長支援はどのように行われるのか

（❹：社員側の利点）

実例：社長の決意表明

株式会社〇〇の将来について

ビジョン
お客様第一の行動を把握し、日本一の建築事務所を目指します（お客様への貢献によって売上げ日本一）

社長の価値観
・正しい考え方×飽くなき情熱×実践する努力
・真摯であること

わが社の大切にする価値観
・法令遵守
・性格・迅速な仕事
・専門知識を高め卓越した人材となり、継続学習で人間としてたゆまぬ成長を遂げます

評価（給与・賞与）
・努力し、成果を上げた人が、評価に反映される仕組みを創ります
・お客様にしっかりと価値を提供できる人を高く評価します
・個人プレーではなく、チーム全体を見て、チームに成果を上げさせる人（リーダー）を評価します

人材育成
・メンバーの成長支援をします（研修・セミナー・図書購入補助）
・リーダーとなる人材に対しては、より一層の教育・給与面での補助をします

て行くことができます。ありありとイメージできるほど、ビジョンが明確でなければ、社員もどの方向に行ったらいいのか、何をするべきかが分かりません。

また、ビジョンは「崇高」で、働く者を挑戦に駆り立て、鼓舞するものである必要があります。

②マーケティング的な視点を持つ（社員目線で伝わらなければ意味がない）

会社の施策を発表するときには、マーケティング同様、「顧客の視点のメリット」、社員にとってどんなメリットがあるのかという点を伝えます。

リーダーシップとはマーケティングです。社員の目から見て、価値ある提案をしているか。組織の求心力を高めていくためには、社員を顧客と考えたマーケティング的視点を持たなければなりません。

社長がいい会社にしたいと言っても、社員に伝わらなければ意味がありません。

人間というのは現金なものです。聞き手にとって、興味があるのは、自分にどんなメリットがあるのかという一点です。そのため、まず、社長の方針を書き上げ、次に、それを行うことが、相手にどんなメリットがあるのかという視点から内容を再構成します。

このプランは素晴らしいことなので行って下さい、と言うのではなく、このプランを実施することは、聞き手（社員）にとってどんなメリットがあるのかという社員視点で、発信することが重要です。

③これまでと、今後では何が違うのかを明確に示す

方針表明では、これまでと、今後では何か変わるのかという、ビフォアー・アフターを明確にします。未来に実現したい自社の姿と、これまでとは何が違うのかという点を語れば、メンバーの理解はより深まります。

2 チェンジリーダーシップを確立する

チェンジリーダーの定義

経営とは変化する市場・顧客にどのようにして対応していくかということです。変化をマネジメントすることこそ経営の本質であり、外部環境の変化を捉えて機会とすることで利益は生まれます。反面、変化に対応できない企業は永続できません。経営リーダーは、変化を機会とし、自らが変革の担い手として変化を牽引(けんいん)していくチェンジリーダーである必要があります。チェンジリーダーシップの確立は3つのステップで行います。

Ｓｔｅｐ① 変化を機会とする意識
⇐ Ｓｔｅｐ② 脅威を機会とする意識
⇐ Ｓｔｅｐ③ 問題よりも機会を見る意識

Ｓｔｅｐ① 変化を牽引するチェンジリーダー

変化・進化の原則

「変化をいかにマネジメントするか？」が経営の本質です。
環境の変化をマネジメントする方法は、変化の最前線に自らの身を置き、変化を機会として活用することです（ドラッカーはこのようなリーダーを「チェンジリーダー」と呼びました）。

参考：Ｐ・Ｆ・ドラッカー『明日を支配するもの』編訳：上田惇生 ダイヤモンド社 81ページ １９９４年 第３版

あなたは、変化の最前線で、自ら変化を引き起こすチェンジリーダーです。
チェンジリーダーは、環境の変化・脅威さえも、機会とする組織文化を創ります。

市場と組織内部の性格は反対である

外部志向で変化を機会として利用できる組織文化を創る時に注意することがあります。それは市場は変化してやまないのに、会社の中は変化を異様に嫌うという組織の性格です。

人は変化が嫌いな生物です。一度決まったやり方を変えることに非常にストレスを感じます。組織の人間は、放っておくと変化を避け、安定・内部志向になってしまいます。

しかし、市場は真逆です。絶えず変化し、今日新しかったものも明日も通用するとは限りません。ある名経営者は、市場の変化の激しさについて「市場は常に暴風域にある」「今日のお客様が買ったものを、明日のお客様も買うと思ってはならない」と警笛を鳴らします。厳しい言葉に、変化に対峙(たいじ)する、リーダーのあるべき姿勢が見えます。

経営者の役割は、変化してやまない市場に合わせ、顧客のわがままを取り入れ、外の空気を意識的に入れて、安定志向に陥る組織に進化を引き起こすことです。

経営者は、市場（外）に合わせて、組織（内）を絶えず、創り変えていく必要があります。

市場が変化してやまないのに、組織が安定し、まるで家族のようだとしたら、革新は行われず、退化しているということです。

変革には必ず抵抗勢力が現れますが、内部に健全な摩擦が起きてこそ、組織が進化していると言えるのです。

ポイント

変化をマネジメントする方法は、自ら変化の先頭に身を置き、変化を事業機会として利用することである。
経営者の役割は、変化する市場に合わせ、会社を新たに創り変えることである。

組織の存在理由とは何か?

企業は、外部の顧客に貢献しつつ、働く仲間を活かし、社会にとって創造的な存在に進化させるからこそ、社会に存在する意義があります。企業は高い成果を上げ続けなくてはなりません。自由民主主義の担い手としての企業が成果を上げなければ、経済破綻が起き、全体主義を生み、先の世界大戦のような不幸な時代につながるからです。

組織の中に成果は存在しません、成果は組織の外（市場・顧客）にしかありません。組織の中にあるものは唯一コストだけです。

成果は機会を追求することによってのみ得ることができます。

機会は、顧客・市場の変化の中に生まれます。外部の変化を感じ取り、いかに機会に活用できるかが組織の重要課題です。

本書の【原則1】のマーケティングカンパニーを実現し、全社員が変化を事業機会とできるマーケターになる必要があります。

全社員が変化を捉え、機会とする（全社員がマーケター）

全社員がいかに変化を知覚して捉えているか？が重要です。

そのためには、「マーケティング会議（36ページ参照）」を繰り返します。すると、全社員が変化を知覚し、機会とし、変化の最前線に身を置き変革を起こしていくチェンジリーダーに成長します。

変化に対するリーダーのスタンス

――変化し続ける状況の中で、自らが変化に飛び込み、変化のエネルギーと一体化せよ！

自然界の法則では、エネルギーは安定してとどまることなく、絶えず形を変えてゆきます。経営においても進化し続けるためには、安定という幻想にとらわれず、自らバランスをあえて崩しながらとっていくような、チェンジライダー（変化の波の乗り手）の姿勢を持つ必要があります。

人生においても、完全な安定（バランス）など望むことはできません。

変化の中に身を置き、バランスを崩しながら、緩みなく、進化へと向かうエネルギーになるのです。

Ｓｔｅｐ② 問題よりも機会を見よ！（大楽観・徹底した機会志向）

リーダーは大楽観　問題解決型よりも機会追求型であれ

リーダーの本質は大いに楽観的であるべきです。混迷の時代を乗り切るのは、悲観的な分析家よりも、大楽観で未来を確信できる挑戦者です。

組織に成果を上げさせるためには、機会志向であることが必要です。成果は、機会を追求することからのみもたらされます。成果を上げるためには、市場の中で、常に機会を見いだす視点が必要なのです。

リーダーは問題よりも、意識して「機会」を見続けるべきです。「問題に視野を奪われて、明日の機会を見失うようなこと」は避けなくてはなりません。

ビジネススクール・大学の問題解決型授業の悪癖で、多くのリーダーたちが、問題を見いだし解決することが経営の仕事だと考えます。

しかし、問題を解決しても、以前と同じ状態（ゼロ）に戻るだけ。問題解決よりも、機会追求に集中することが、成果（利益）をもたらすのです。

Step③ 脅威さえ機会とする

チェンジリーダーは、環境の変化のみならず、脅威・困難さえも機会として利用します。

問題よりも機会を見る

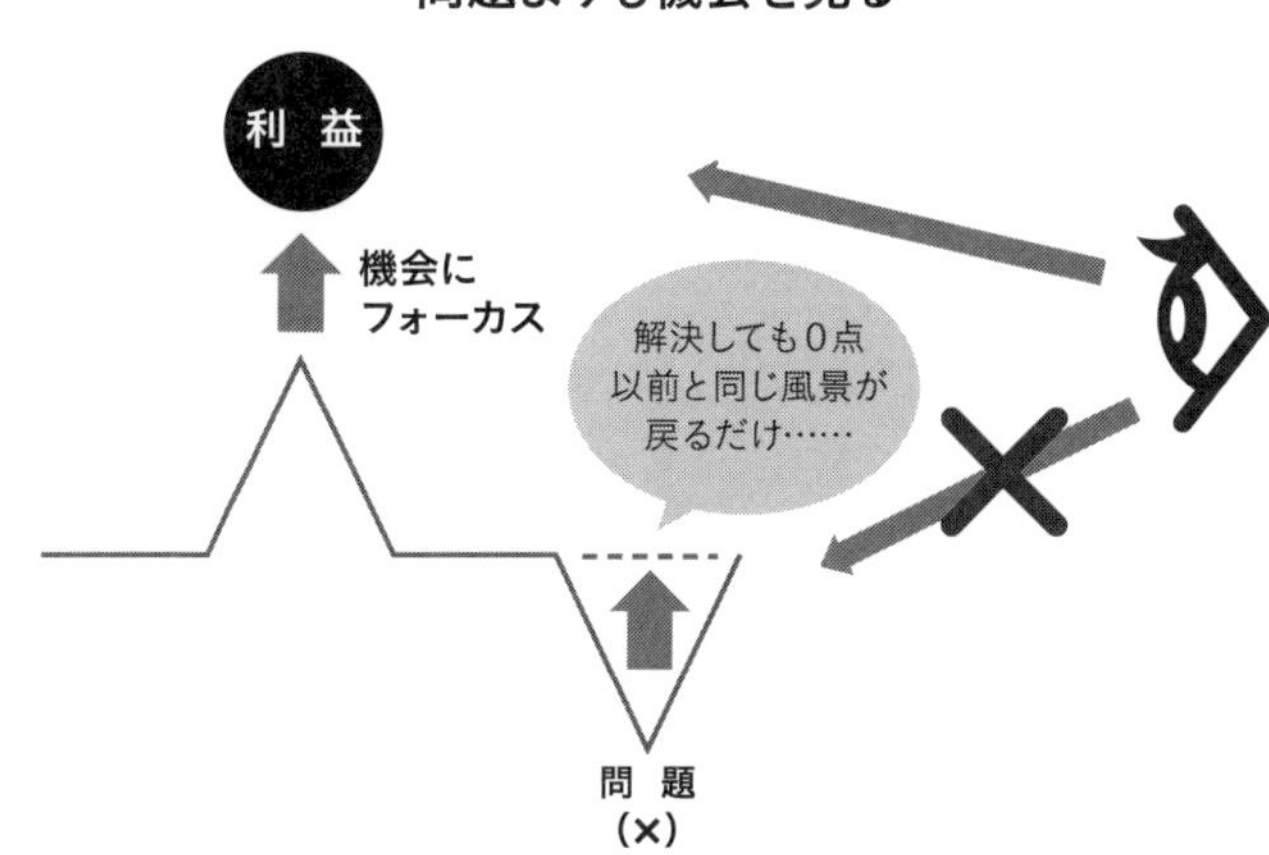

業界の脅威・困難を克服する打ち手が見つかれば、逆に競合を大きく引き離し、圧倒的な企業へと進化することができます。むしろ機会は、業界が解決できていない脅威・困難の中にこそ見つかることが多いのです。

少子化という環境脅威を機会に変えて、伸び続ける市場――ランドセル業界

ランドセルというと昔は決まったメーカーが、男の子は黒色、女の子は赤色といった同じようなデザイン・価格帯のものを創っている市場でした。ところがランドセルの単価はここ10年で2倍にも上がっているのです。ランドセルを使うのは子供であり、日本の出生人口は100万人を下っていますが、業界は伸びています。顧客が減っていく中で、なぜ機会を創出できるのでしょう。

ランドセル業界は、チェンジリーダーとして脅威を機会としました。

消費者の意識がモノ（機能）のみからコト（体験・経験）にシフトする中、これまでの機能性のみを打ち出したランドセルから「一生に一度のお買い物」という特別な消費体験を顧客に提案したのです。子供の両親や祖父母にとって魅力的なキャンペーンを打ち、彼らを新たな顧客へのサポーターとして「個性ある高級ブランドとしてのランドセル」を開発し、売り出したのです。

現在の子供への消費は6ポケッツと言われるのをご存知でしょうか。子供一人に対して、両親とその各両親（父方・母方の祖父母）が援助するため、6つの財布が消費の源となる状況を言います。

減り続ける子供市場という脅威を機会に転じ、6ポケッツという変化も利用し、事業を躍進させたのです。そして機能さえあればよい、価格も横並びといった業界の常識をイノベーターの精神で

覆したのです。
業界の常識を疑い、脅威さえ機会とし、新たな市場を創造するのです。

> **【ワーク】**
> **事業にとっての最大の脅威は何ですか？**
> **それを自社の機会に転ずるためにはどのようなアイデアが考えられますか？**

脅威を機会と変える真のチェンジリーダーたち

２０１２年のロンドンパラリンピックのＣＭは本当に興奮するものでした。激しいヒップホップのリズムをバックに、障害という試練を抱えた選手たちの、魂の挑戦が躍動的に描かれた映像は、障害を持つ人のイメージを１８０度覆してしまうほど、激しいパワーを秘めたものです。

日本では障害を持つ人を「障害者」と言います。一方、欧米では「チャレンジングピープル（試練に挑戦する人）」と呼んでいます。私はこれは素晴らしい言葉だと思います。試練を背負って生まれ、普通の人よりも過酷な生活を強いられている勇者に対する、正当な敬意を表す言葉だと感じるからです。

先に挙げたＣＭでは、さらに熱い感動で魂が震えます。
チャレンジングピープルの選手をスーパーヒューマン（超人）と定義していたのです。

障害に敢然と立ち向かい、記録に挑戦する！　壁を超える！　普通の人類を超えたスーパーヒューマン（超人）！　感動で胸が打たれ、涙でいっぱいになりました。「人生にとっての脅威を、最大の機会として闘いに挑む」真のチェンジリーダーたちの姿がそこにはあったのです！

人は、人生において、障害を克服し、魂の成長、人格の成長を手にします。すべての人がチャレンジングな人間であり、人として誇りに満ちあふれた人生を送るべきです。

人生・事業における困難・脅威はすべて、魂を磨き、人格を高めるための試練です。脅威さえ機会にして、人生に挑戦的なスタンスで対峙することにこそ、あなたがチェンジリーダーである最大の意義があります。


人間の成功を、人生に対する挑戦的姿勢にあると考える——人格的成功（物質・富の成功が、人生の目的では決してない）

私は人間の成功とは「人生に対峙して、挑戦する姿勢」にあると考えています。結果として得る経済的豊かさよりも、まず先に、挑戦する姿勢にこそ人格（精神）の成功を見るのです。

チェンジリーダーの脅威を機会とし挑戦する姿勢に「人格的成功」を見るということと同じことです。

偉大なリーダーは、人間を鼓舞し、魂に火をつけ、人生に挑戦させます。リーダーとして、艱難に対峙し、時代を切り開くのです。

最大の困難の中にさえ機会を見いだし、挑戦する姿勢を持って〝人格的成功〟を収め、周りの世界を照らすのです。

次にあげる、人道的な指導者マザー・テレサの言葉も、経済的な結果ではなく人間の挑戦する〝姿勢〟にこそ最大の価値があることを教えてくれます。

「神様は私たちに、成功してほしいなんて思っていません。ただ、挑戦することを望んでいるだけよ！」

❸起業家リーダーとして組織を進化させる

起業家リーダーの定義

何もないゼロの状態から事業を立ち上げ、社会に貢献する仕組みをつくり上げるのが起業家です。偉大な企業はすべて、起業家の挑戦とインスピレーションから生まれました。

戦後の焼け野原から日本を復興し、豊かにしたのも創業者たちの起業家精神です。

経済成長が停滞する現在の日本においては、再度、「起業家精神」を持って経営を再建し、社会に活力を与えることが最重要です。ビジョナリーリーダーとチェンジリーダーを統合し起業家リーダーへ進化します。経営者が起業家リーダーに進化した後、組織全体に起業家精神を宿し起業家的リーダーへと進化させます。組織内に起業家リーダーシップを確立するには２つのステップを取ります。

（ビジョナリーリーダーとチェンジリーダーを統合し）
起業家リーダーに進化した経営者が
Ｓｔｅｐ①　組織文化を起業家的に変える

Ｓｔｅｐ②　メンバーの起業家リーダーシップを確立する
（組織に起業家精神を確立し、全員経営を行う）

Ｓｔｅｐ①　ドラッカーを学び、組織を起業家集団とせよ

私のコンサルティングの軸であるドラッカーを導入する最大の効果は、組織メンバーを起業家（企業家）志向にすることです。

この起業家（企業家）志向とはどのような意味でしょうか。

それはやらされる型、遂行者型の人間ではなく、自己のビジネスとして、主体的に新たなビジネスを創り出していける人間のことで、全社員が経営の主体となるということです。

事業の目的はファンである顧客を創造し続けていくことです。

そのためには、マーケティング（顧客を理解する）とイノベーション（固定概念を廃し、新たな商品・サービスを生む）ことにより、新たな市場・顧客を創造していける挑戦的・機会志向であるマネジメント層が必要です。

起業家（企業家）志向が重要な理由は時代的な背景もあります。日本企業の多くは戦後、創業者が事業を起こしてから、2代目・3代目の段階を迎えています。創業者は強力なカリスマとして、天性のマーケターとして事業を創り会社を成長させます。これに対して、後継者はバランス・管理思考型、つまり、現在あるものを守りながら、改善していくというタイプが多くなります。カリスマ的マーケターの後に続く部下は、右腕だった管理・遂行者タイプの番頭さんです。管理タイプは事業を危機に陥れるのです。商品は陳腐化します。創業時に作り上げたヒット商品も20〜30年もすれば顧客に飽きられ、売れなくなります。企業は常に、未来へ向けた商品を市場に提供し続けなければなりません。

カリスマが去り、商品が陳腐化し事業が斜陽化した段階では、再度、創業の精神を持って市場を創造していく必要があります。すなわち、強力なマーケター（起業家）の出現が望まれます。

後継者には、創業者の天性のマーケターの勘があることはまれです。それは創業者があまりに天才的だからです。また、既に企業統治がカリスマ一人では無理な規模に成長しています。

この時期のリーダーは、全社を挙げてマーケター、イノベーターの風土を創っていくことが必要です。これが起業家的組織です。組織に属しながら、挑戦的・機会志向の人材・「組織内起業家」を育てていきます。

ドラッカーが『イノベーションと企業家精神』（ダイヤモンド社）という書籍を執筆しているように、ドラッカーの経営の根本には企業家（起業家）精神があります。ドラッカーを学べば、起業家に必要なマーケティング、イノベーション、成果志向、使命に基づくリーダーシップを網羅して学べるため、組織が起業家集団に進化します。

そこに唯一副作用があるとしたら、ビジネス創造の理念を教えてくれるため、自分で起業してやろうと思ってしまうほど、貪欲で挑戦志向の人材が生まれ、スピンアウトすることです。しかし、組織にはこのような起業家的人材がいなければ、創業の気風を保つことはできません。

起業家的人材をいかに使いこなせるか、魅力的な仕事を準備できるかが、今後企業に問われていくことになります。

いつの時代でも、事業に求められるものは、挑戦的な起業家精神です。

起業家的なリーダーと、サラリーマン的なリーダーの違いを比較し、起業家精神にシフトする

（この場合のサラリーマン的とは、主体性を失っているという意味であり、サラリーマンという職種が悪いという意味ではありません）

まず次のワークを行ってみましょう。このワークを行うことで起業家的であることのコンセプトが鮮明になります。

起業家的リーダーにシフトするために必要な志向を考察し、行動を変えていくのです。

起業家的リーダーとサラリーマン的リーダーの違いは何か?
(回答例)
【起業家的リーダー】
主体的　仕事は創るもの　挑戦的　正しいリスクを取り大きなリターンを得る
変化を機会とする　スピードが速い　直感を信じる　右脳的　責任を取る
【サラリーマン的リーダー】
従属的　仕事は与えられるもの　リスクを極度に恐れる　挑戦しない　変化を嫌う
スピードは遅い　論理的　左脳的　責任を取らない

参考:ユニクロの柳井正『経営者になるためのノート』(PHP出版)

起業家とサラリーマンの違いは、リスクに対する姿勢

私は、起業時に大企業の事業部長と起業家の二人に相談したことがあります。その時の回答が面白いくらいに正反対でした。

事業部長(サラリーマン)は言いました。もし、失敗しても1年くらいは平気な蓄えを準備してから挑戦するべきだと。一方で起業家は「すぐにでも挑戦しなさい。そんないいアイデアを寝かしておくのは勿体(もったい)ない!」と言いました。

この二人のアドバイスから学んだことは、リスクに対する意識の違いです。

起業家はリスクを大きなリターンを得るための機会と考えています。リスクをとることがなければ、リターンもないと考えるため、極めて挑戦的です。

一方、サラリーマンである事業部長はリスクを極度に恐れます。サラリーマンにとっては、リスクをとり、結果としてミスをしてしまうことは出世競争から外れることを意味するからです。

大変化の時代では、変化しないことこそが最大のリスク

大変化の時代では変化しない、挑戦しないことこそ最大のリスクです。組織が正しいリスクをとれるよう、起業家精神を宿さねばなりません。

この変化の時代を乗り切る唯一の方法は、自らが変化の先頭に立ち、変革の担い手・チェンジリーダーとなることです。

現代の組織では、マネジメント層こそ変化を機会として、正しいリスクをとることのできる起業家的人材でなければならないのです。

ポイント

・組織を起業家集団にするために、ドラッカーを学ぶ。
・起業家とは何か、組織の中で話し合い、起業家の持つ強力なビジネススピリットを身につける。
・全社員を起業家的人材に進化させ、全社員経営を行う。

管理職の誤解・内部管理からは利益は生まれない

経営幹部（トップマネジメント）の仕事とは何でしょう。

日本では、一般的に管理職という言い方がされますが、これが大きな誤解を生む言葉なのです。経営幹部の仕事は内部を管理することではありません。

利益（成果）は顧客のもと、つまり外にしかありません。社内にあるのはコストだけです。内部管理をいくら強化しても利益が上がることはないのです。

事業活動は、すべて顧客に向けた「市場」活動です（マーケティング）。顧客を忘れ、社内に閉じこもるマネジメントは、組織に害をもたらします。

トップマネジメントの立ち位置は顧客の場所です。事業の本質を顧客・市場（現場）から考え抜き、高めていくのがトップマネジメントの役割です。この意味で、管理職という言葉は、大きな誤解を招きます。

経営幹部は、機会追求型・起業家的であり、内部志向になってはなりません。経営幹部の第一の仕事は、市場・顧客に向けた事業の機会追求なのです。

成果は機会からもたらされます。経営幹部の目は常に事業上の機会のある「外」に向いていなければいけません。

役員席にふんぞり返り社内をいくら睨(にら)みつけたところで、業績が上がることは、決してないのです。

「どうすれば、顧客へ提供する価値を向上させることができるだろうか?」という重要な命題について考え続けることが、経営幹部の仕事なのです。

すべての取り組みを、内部管理ではなく、市場に向けた機会追求・価値向上活動(市場活動)へと集中させてください。事業活動とは、「市場活動」、以外にはないのです。

管理職など存在しません。すべてのビジネスパーソンが、市場に向けた機会追求職なのです。

ポイント

経営幹部の仕事は、内部管理ではなく、市場に向けた機会追求である。
利益は社外にしかない、事業活動とは市場活動である。

人事評価で、組織を機会志向に変える

社員に自律性がない、挑戦心が感じられないと悩むリーダーは多いです。

皆、入社時は、新たなことに挑戦しようと希望に燃えていたはずです。しかし、いつの間にか自律性を失い、挑戦することを忘れてしまう。なぜこのような状況になってしまうのでしょう。
生まれつき、自律性のない人間などいません。人間は本来、無限の創造性を持つ生き物です。

リスクへの恐怖が組織の自律性を奪う

生存本能は、リスクを避け安全へと向かいます。組織も同様です。社員にとって最大のリスクとは降格・失職です。
仕事の成果は人格の延長であることは確かですが、役職と人間の価値は全く別のものです。しかし多くの人が、重要な役職についていたほうが人間的価値も高まると考えます。そしてリスクをとり、ミスを犯し、降格すれば、人間的価値まで下がるという恐れのもとで働いてしまいます。

起業家（経営者）と会社員では、リスクに対する考え方が真逆

起業家はリスクを、リターンをとるための投資だと考えます。一方、会社員にとっては、リスクは忌み嫌うべきものなのです。
この性質の違いを知った上で、組織風土を挑戦する起業家的風土に変える必要があります。

評価基準を挑戦的風土に変える

賞罰や評価基準は、社員さんに対する一番の会社の意思表示です。どんな人が評価され、どのような人が卑下されるかが、組織の人の振る舞いまで決めてしまいます。自律的・挑戦する人材を育てたいのであれば、評価される基準を明確に示すことです。

そのためには、人事評価を、どんな失敗がなかったではなく、どんなチャレンジをしたかという視点に変えます。失敗することを恐れ、恥とする文化ではなく、挑戦しないことを恥とする文化を、人事評価で創り上げるのです。

評価基準は、組織と、内部の人の姿勢まで変えてしまう、最強のマネジメントツールです。組織は挑戦し、失敗を恐れない文化を創る必要があるのです。

失敗を一度もせずに、成功したものはいない

新たなことにチャレンジする場合、一度も失敗をせずに、成し遂げられることは不可能です。

例えば、初めて東京から北海道の知人宅に向けて車を走らせる時、ハンドルを一度も切り間違えずにたどりつくことはありません。誤ったハンドルを沢山切り、はじめてゴールに到達できます。

歴史上、一度も失敗せずに成功した人はいません。失敗は成功の母です。失敗するからこそ、成功することができます。

失敗することを恐れるよりも、一度も挑戦しないことを恐れるべきなのです。人生に挑戦しないことこそが、最大の失敗です。

挑戦し続ける精神こそ人生の成功——人格的成功を追求する

成功とは、結果ではなく「挑戦を続ける精神の在り方」です。人生において、挑戦的な姿勢をとり続けることこそが「人格的成功」です。

この「人格的成功」の追求こそ、人生最大の目的です。

資本の結果だけで成功を判断することは大きな誤りであり、この考えでは人類の数パーセントしか成功しないことになります。人をひどく馬鹿にした、あまりにも表面的な人生の捉え方です。

人格的に成功することこそ、すべての人が収めるべき正しい成功です。

ポイント

・「挑戦する姿勢」を持って人格的成功と捉え、最上位の概念にする。
・人事評価で、挑戦しないことを恥とするものに変え、社風を起業家志向に変える。

Step② 組織に起業家精神を確立し、全社員経営を行う

リーダーの役割は、メンバーのリーダーシップに火をつけ、人生の真の意義に目覚めてもらうことです。
使命感に導かれたリーダーが、メンバーの自尊心を取り戻し、弱っている者があれば癒やし回復させます。
メンバーを鼓舞し、誇りある起業家集団として挑戦させ、高い人格へと導いていくのです。

リーダーの仕事は、自身の強いリーダーシップ（自己信頼）を確立し、メンバーのリーダーシップを確立することです。

コンサルティング開始時に、メンバーがとても保守的で「これはできない」「わが社では無理」「リスクが高い」と制約条件ばかり並べてしまうような否定的な状況になることがあります。このような状況は、管理思考と保守的なメンバーがリーダーシップ（自己への信頼感）を失っている状態です。挑戦してきた過去を忘れ、守りに入ってしまっているような上司のもとではメンバーの士気も下がる一方です。私はこの状態を、「死んだ魚のような目をした偽リーダー」と揶揄（やゆ）します。

組織を変えるためには、起業家精神を学ぶことです。

リーダー一人では、組織に成果を上げさせることはできません。メンバー全員が起業家精神を

持って挑戦してこそ、組織は大きな成果を上げるのです。

現状維持の守りの姿勢から、マーケティング・イノベーションを実践し、市場に新たな価値を創造していく起業家精神を組織に宿すのです。

働く仲間を活かし、組織に成果を上げるという、リーダーの意義を理解する時、人はリーダーシップを取り戻します。人間が本来持っている、成長・挑戦へ向けての創造性が動き始めるのです。

社会教育の目的は起業家的な立命にあり

最高の社会教育とは、人がなぜ生きているのか、その使命を自覚し、立命させること。眠っている魂に火をつけ、真の人生へと向かわせることです。

起業家精神を学ぶということは、まず自己が立命に向かうこと。

メンバーが主体的な人生とビジネスの在り方を考え、リーダーシップを回復し、管理思考から起業家志向の挑戦的・創造的な組織へと進化していくのです。

私のコンサルティングの目的は、リーダーの魂に火をつけ、組織内に起業家精神を確立し、事業に本気のスイッチをいれてもらうことです。


全社員がリーダーとして立命し、自己信頼を回復し、組織を導いてゆく

マザー・テレサが言ったと伝えられる、あなたのリーダーシップに火をつける言葉を送ります。

「誰かが現れ、導いてくれるのを期待して待っていてはなりません。あなたが人を導いていくのです」

これは自己のリーダーシップを確立し、メンバー全員の魂からのリーダーシップを回復し、立命させなさいという意味なのです。

直感力を鍛える

経営とは、未来へ人・モノ・カネという資産を賭けることですが、未来は不確実なものです。それ故、経営という活動から、リスクを取り除くことは不可能です。経営の本質が、リスクを負うという経済活動だからです。

未来に対する取り組みは、論理だけでは捉えることはできません。リーダーの直感力が武器となります。アップル創業者のスティーブ・ジョブスも、直感に従うことの重要さを強調し、瞑想(めいそう)してインスピレーションを得ました。

リーダーは、ハート（魂）で感じる、気づき・直感を意識して活用する必要があります。

直感力の磨き方は、格闘家・芸術家に学ぶことができます。

【直感力を磨くアイデア】

①大自然の中に身を置き、感じる心を大切にする（浩然の気を養う）

②芸術に触れ感覚を豊かにする（創造的センス・インスピレーション）

③瞑想する（瞑想は思考をクリアにし、魂から感じる感覚を豊かにする）

④これまで経験したことのないことにチャレンジする（自己の把握している感覚を超えたことに挑戦することで、新たな感覚を鍛える）

⑤トレーニングをして身体感覚を鋭くする

例に挙げたもの以外でも多くのリーダーが直感を鍛えるために独自のトレーニングをしています。自分にあう方法で取り組んでみるのがよいでしょう。

偉大な発明も、新商品も、たった一人のインスピレーションから始まったのです。

・リーダーとしての直感力を磨くために、何を習慣にしますか？

リーダーは質問の力で組織を導く

リーダーは「正しい質問」によって、組織メンバーの頭脳を刺激し、正しい行動に導きます。ドラッカーは、質問しかしないコンサルタントとして有名でした。リーダーに本質的な質問を投げかけ、頭脳を刺激し、事業を革新するアイデアを生んだのです。

ドラッカーの質問とは次のようなものでした。

①あなたの組織の使命は何か？（何を成し遂げるために、組織があるのか？）
②貢献すべき顧客は誰か？
③顧客が本当の価値としているものは何か？
④組織はどのような時に成果をあげたと言えるのか？
⑤使命を実現するための具体的な計画は何か？

参考：P・F・ドラッカー『経営者に贈る5つの質問』訳：上田惇生　ダイヤモンド社　2009年　第1刷

正しい質問が重要

リーダーの正しい質問は、組織を正しい行動に集中させます。正しい行動とは、成果につながる行動のことです。

朝礼時に、「どのようにすれば、一層上のサービスを実現できるだろうか?」と問いかければ、メンバーはサービス向上に集中し、現場のサービス向上を考え実行していきます。

【組織を導く正しい質問例・(正しい質問は、正しい行動を導く)】

①組織を成果志向に変える質問

「今日の皆さんの仕事の最重要事項は何ですか?」⇓成果に集中させる質問

(成果を最優先して仕事に取り組んで下さい)

②組織を外部環境(顧客・市場)の変化に敏感な、マーケター集団に変える質問

「最近、顧客・市場にはどんな変化がありましたか?」⇓変化・機会に集中させる質問

(それをどうわが社の事業機会にできますか?)

誤った質問は厳禁

誤った質問とは、質問を受けた人を不安にさせるだけで、正しい行動に結びつかない質問です。例えば、「先の見えない景気の中で、わが社はどうなってしまうのだろうか?」とメンバーに問いかければ、そのメンバーの思考には「会社はどうなってしまうのだろうか……?」と不安のみが残り、正しい行動に結びつくことはありません。むしろ不安な中で、組織の思考力・行動力も落ちていきます。これは、脳に対する質問が悪いのです。

この場合の質問はこうあるべきです。

「先の見えない景気だが、競合に優先して、わが社が顧客に選ばれる続けるためには、どのような施策が考えられるだろうか？」

こう質問すれば、サービス向上のアイデアや、差別化のアイデアが社員から上がってきます。組織を、正しい質問の力によって導くのです。メンバーの思考を刺激し、創造性を爆発させ、効果的な行動に結びつける、正しい質問が重要です。

天才物理学者であるアインシュタインの言葉を挙げておきます。

「仮に、私が困難な状況に巻き込まれ、助かる方法を考えるのに1時間あるとしたら、最初の55分は、適切な質問を探すのに費やすだろう」

正しい質問こそが、組織を、正しい未来へと前進させます。

リーダーシップとは「質問の力」なのです。

ポイント

組織を刺激する「正しい質問」を考えて下さい。

コラム　これからのリーダーに求められるものは、女性性・包容性

強硬な米国大統領の誕生、西欧諸国でも右派が台頭を強め、世界は分裂の様相を深めています。まるで二度の世界大戦に陥った過去の再来のようです。

未来へ偉大なリーダーシップを発揮するなら、これからはスピリチュアリティを帯び、女性性を強く持ち、世界の分裂を抱合するような、そんな温かさ・慈愛を持つ必要があります。既に、男性主義的な、物質主義的な、権力のパワー、排他的・分裂的なカリスマの時代は限界を迎えました……

マザー・テレサのように、愛の波動や言霊で世界を包み込んで癒やすような、魂からのリーダーでなければ、もう世の中は限界です。

マネジメントの父・ドラッカーもそうでした。人に勇気を、生きる意義・成長へのインスピレーションを与えてくれます。人を中心にした経営（マネジメント哲学）を確立し、人を活かそうと尽力した人物です。

彼は最高のリーダーでした。

経営の中心に人間の幸せを置く、マネジメントリーダーの理念。抱合・人類愛を基本とする哲学。

これからのリーダーはまさにそれらを持つべきです。

私はピアニストとしても活動していますが、面白いことに、芸術家こそ、一番未来を感じさせてくれるとドラッカーは言います。

参考：P・F・ドラッカー『断絶の時代』編訳：上田惇生　ダイヤモンド社　2007年7月

音楽は直感・感性を通じて、未来の予兆を教えます。センス（感じ）させます。

物的支配・所有者の時代は終わりました。恐怖でなく、慈愛を……奪うのではなく、共有を……これからのビジネスは、魂・愛が中心になる。そういう時代に、人類は大きくシフトします。経営もドラッカーのマネジメント思想のように、社会のあるべき姿を本質から考えるとき、人の幸せにたどりつくのです。

時代がどう変わろうと、自ら変化を創り、明日に挑戦するチェンジリーダーとして進みましょう。

直感とインスピレーションに導かれながら、愛と感謝のパワーを胸に。

歴史上の偽リーダー・カリスマ・専制君主は人を分裂させ・騙し・統制し・卑しめ・殺してきました。これに対して、偉大なリーダーは人間を鼓舞し・抱合し・向上させ・活かします。人間中心の考え方です。

経済・経営・思想・システムによって、人が殺されるような社会であってはなりません。人間が中心にあるか否かが、システムの良否の絶対基準です。

［原則］6 使命・立命の原則

使命感に燃える会社
天命を知り、メンバーを立命させよ

ミッショナリーカンパニー（使命感・立命）

- 明確なビジョンと大義を知る時、
  人は偉大な事業を成し遂げる。
- 使命感に導かれた組織は、どんな組織よりも強く、
  未来へ躍進する。
- メンバーを誇りあるものとして、
  存在の唯一無二の尊さに気づかせ、立命させよ。

ミショナリーカンパニーを実現する

ミショナリー＝立命「組織にインスピレーションを与え、立命させよ！」

使命に目覚める時、人ははじめて生きる意義を得ます。誠実な人格の延長として、真のビジネスがあります。リーダーとして、何を成し遂げるためにこの世に生を受けたのかに気づき、仲間たちも、崇高な使命に目覚めさせることが、あなたの役割です。

組織にインスピレーション（鼓舞）を与え、メンバーを立命させ、「志事（しごと）」に邁進（まいしん）してもらうのです。立命させるためには、メンバーの魂に「感動的な体験」を与えることです。組織の魂に炎を燃え上がらせることができるか。リーダーが取り組むべき真摯な仕事です。

この章のコンセプト

リーダー・メンバーともに人生の使命に目覚め、立命し、不動のビジネスを構築する。

■手順

⑴経営理念・行動指針を確立し、語る。
⑵遺書を書き、立命する。
⑶経営者に贈る５つの質問で、使命を定義する。（２２４ページ参照）

■ツール

⑴経営理念・行動指針策定
⑵死を意識し、本気の遺書を書く。

使命のある人とない人の違い

皆さんはマララ・ユフザイさんをご存知でしょうか。パキスタンの女性活動家で、中東の女性教育解放を訴え、タリバンに銃撃され、奇跡的に生還した女性です。彼女が国連で演説を行ったのですが、その内容は勇気にあふれる感動的なものです（Ｙｏｕｔｕｂｅの国連広報チャンネルでも見ることができ、一度ご覧になることをお薦めします）。

彼女はスピーチをしている時にはまだ20歳にもなっていない少女ですが、素晴らしいリーダーシップを発揮します。国連のリーダーたちが感動し、涙します。彼女の持つリーダーシップの強力さを考える時、リーダーシップに年齢は関係ないことが分かるでしょう。

彼女には平和な世の中を実現するという強い使命と、女性が教育を自由に受けることができる権利を獲得するという、明確なビジョンがあるのです。

使命を確立することを立命と言います。立命した人間には、周囲を感化し、導く力があります。立命こそが、エネルギーを最大化し、爆発させるトリガーです。

さらに「世界をこう変えるんだ！」という明確なビジョンがあれば、リーダーシップは圧倒的に卓越していきます。彼女は意図して、リーダーシップを高めるよう振る舞い、演説をしているわけではありません。彼女は自らの使命を天命と確信し、銃撃という試練が彼女の魂をより一層輝かせ、不動のリーダーとしているのです。

使命のある人間とそうでない人間は、プレゼンス（存在感）が全く違う

立命した人間は、いかなる試練にも動じることはありません。営業の世界でも使命がある営業マンはテレアポを100件断られてもめげることはありません。価値ある商品を提供し、顧客の人生を豊かにするという強い使命感があるからです。

それに対して、使命のない人間は貧弱です。少しの困難ですぐに揺らいでしまいます。当然ビジネスで大きな成果を上げることはできません。

リーダーは組織に、二度とない人生の使命に気づかせる必要がある

社員さんには使命の重要さを知ってもらい、使命を軸に働いてもらう必要があります。

昭和教育の父、森信三氏は、著書の中で「真の教育とは相手の眠っている魂を揺り動かし、これを呼び醒ますところまでいかねばならない。」と、使命に気づかせること(立命)の重要性を述べます。

立命について、私が20年以上の音楽家活動の経験から確信していることがあります。人が使命に開眼し、使命に目覚めるためには、魂に「感動的な体験」を与える必要があるということです。一冊の本・一本の映画が人の人生を変えてしまうのはそのためです。「感動」からくるインスピレーション(直感・霊感)が、それを受け取る準備のできた魂を立命に導くのです。

参考:森信三『修身教授録 一日一言』藤尾秀昭編 致知出版社 2007年

強烈なビジョンを持って周囲を感動・感化し、立命させる

これからの時代には、全てが、ミッション(使命・志)ビジネスです。世の中をこう変えたい、我々にはこういう使命があるという組織こそが、逆境や試練を乗り越え大きな成果を生み出すのです。

【使命を考え抜き・立命する】
自己の使命は何か?
(後世に、どのような人間であったとして人に記憶されたいか?)
組織の使命は何か?
メンバーの魂に、「感動的な体験」を与え、立命させよ。
(メンバーを立命させるための、魂に感動的な体験とは何か?)

経営理念・行動指針を確立し、組織をインスパイア(鼓舞)する

リーダーの強い信念とビジョンに導かれた時、メンバーは偉大な成果を上げます。リーダーは組織に大義を与え、仕事を意義のあるものにしなければいけません。人は大義のためなら死をもいとわぬ、挑戦する創造的な生き物だからです。

リーダーは明確な経営理念を確立し、仕事に大義を与える必要があります。組織メンバーに、このような心掛けで働いてもらいたいという行動指針を立て、組織の持つエネルギーを集中させるのです。

理念・指針はインスピレーションを与えるものになっているかがポイント

経営理念・行動指針は経営者の「魂からの価値観」の体現であり、簡潔で、働く人の心をインスパイア（鼓舞）するものでなければなりません。型どおりの文章ではなく、経営者の魂が込められた、相手を動かすものである必要があります。言霊が組織にインスピレーションを与え、「やろう、行動が必要なんだ！」と働く人を奮起させるものでなくてはなりません。

経営理念・行動指針が額に入れて飾ってあるだけで形骸化してしまっているとすれば、それはインスピレーション（鼓舞・感化）という本質を考慮せずに創られたからです。一貫した価値観に基づいて、リーダーは組織を導いていきます。自己の価値観を常に意識し、価値観に一致した行動を取り続けることは、リーダーシップ確立のポイントです。

前章のリーダーの価値観を明らかにするワーク（193ページ参照）で価値観を発現して、価値観に基づく経営理念、行動指針を策定していきます。

経営理念・行動指針の策定ワーク

経営理念・行動指針を策定する際の方法について、次の3つを重点的に考えてみましょう。

①経営者の大切にしている価値観を書き出します。
②自社の5・10年後にありたいビジョン（理想の姿）はどのようなものか？
③育ってもらいたい理想の社員像はどうあるべきか？

①～③を熟慮し、今後の社員像はどうあるべきか、社風をいかに戦略的に醸成するかを、次の7つの視点から考察します。

経営理念・行動指針は、経営者がこうあってほしい、この方向に進ませたいという組織に対する教育ツールです。だからこそ、インスパイア（鼓舞）するものである必要があります。折に触れバイブルのように取り出し、唱和し、言霊として組織にその魂を根づかせるのです。重要なのは、言葉の美しさではなく、策定した理念・指針に魂が入っているか、また、シンプルで人を動かすもの（インスピレーションを与え、鼓舞する）になっているかです。

【経営理念・行動指針に含めるべき7つのカンパニーの視点】

①マーケティングの視点（徹底的な顧客志向・価値向上・他社の柔軟なコラボレーション・製品ではなく、市場・顧客からスタートするマーケター姿勢、外部との知識ネットワークを作る）

②イノベーションの視点（これまでの文化を尊重しつつも、陳腐化したものは勇気を持って廃し、新たに挑戦する姿勢、未来から考えてS字カーブを飛び越える）

③生産性・成果志向の視点（成果を常に意識する、時間生産性が高い、圧倒的なスピード感、顧客への価値向上、集中している）

④学習・成長する組織の視点（組織の勝敗は学んでいるか・いないかで決まる。自己啓発の促進、専門家・コンサルタント・その分野のプロフェッショナルのアドバイザーとして継続学習により卓越する）
⑤リーダーシップの視点（ビジョナリー（未来志向）、チェンジリーダー、起業家精神、強い価値観）
⑥ミッションの視点（本章の視点＝使命感・立命）
⑦マネジメントの視点（人を中心に考えている、働く人が活かされ、成長できるものである、メンバー独自の強みに集中している、人が幸せになる）

組織にインスピレーションを与え、メンバーが心から鼓舞され、行動するものか？

最後は、理念に魂が入り、言葉が言霊となり、メンバーを照らすよう、リーダーの肚に落ちるまで練り込みます。

組織にインスピレーションを与えることこそ、リーダーの大切な役割なのです。偉大なリーダーは組織をインスパイアし、メンバーの持つ力を爆発させ、大きな仕事を成し遂げます。

以下で、私がインスピレーション（霊感）を感じる、偉大なリーダーの言霊を紹介します。

マーチン・ルーサー・キング牧師（アメリカ公民権運動の指導者）
「私たちには、今日も明日も困難が待ち受けている。それでも私には夢がある」
オバマ大統領（講演はアメリカ史上、群を抜いて卓越していました）
「Yes We Can!」（われわれはできる！　為さねばならない！）
スティーブ・ジョブス（アップル社創業者）
「Stay hungry. Stay foolish.」（ハングリーであれ。愚か者であれ）
マザー・テレサ（聖人）
「私たちは、大きいことはできません。小さなことを大きな愛をもって行うだけです」
エマーソン（米国の哲学者）
「絶えずあなたを何者かに変えようとする世界の中で、自分らしくあり続けること。それがもっとも素晴らしい偉業である」

以上で挙げた行動を強く喚起する、リーダーの言霊のエネルギーをハートで感じて下さい。

経営理念を1日で策定しましょうというセミナーはそのほとんどが嘘です。そんなに簡単にできるものではありません。最低でも半年かけて練り上げ、魂からの言霊にするのです。心からの情熱を経営理念・行動指針に込めて下さい。魂からの理念で、組織の大義を確立し、メンバーを鼓舞し、社会に貢献をするのです。

遺書を書くことで立命する

使命を考える時には遺書を書きます。本気の遺書です。本気になって、この世の中から去ると想像して「成し遂げるべき事は何か？」を書き出します。死は人間の生の意義を気づかせるのにもっとも深遠で、効果的なものです。

遺書を書くことで、真の使命を見つけ、立命する

遺書の書き方としてポイントに触れてみましょう。

①できるだけ一人になれる環境をつくる（会社から離れ、ホテルや、深夜の書斎など、邪魔の入らない集中した環境を創る）。
②部屋を少し暗くする（白熱灯やロウソクを立ててもいいです。周囲を暗く、自己に集中できる環境を創ります）。

③ドラマで悲劇のシーンのような、イメージの高まる音楽を聴きながら、感情移入し、真剣に遺書を書いていく。

④前提として、自分は不治の病にかかり、そのことが今朝医者から告知され、あと20日間で、必ず世の中から去らなければならない……と自己暗示をかけます……そして、強く、強く信じ込みます。

そして自己暗示をかけ、強く信じ、悲しい音楽をかけて以下に進みます。

実際の遺書を次の順番で書いていきます（各項目10分程度）。

これまでの感謝・やり残したこと・伝えたいことは何か？

①両親への手紙

②伴侶への手紙

③子供への手紙

④社員への手紙

書き終えたら、この人生で自己は何を成し遂げたいのかについて反芻（はんすう）します。

その後次の宣言をします（ここで音楽を変え、ロッキーのテーマのような、勇気の湧くような曲を流すと、より思いが高まります）。

先ほどのワークでは私は死ぬ運命だった。

しかし、私は現に生きている！

これからも、10年・20年と生きることができる。

私は生きている、物事を成し遂げることができる！

私は以下のことを実現する。心からの立命宣言である。


決意の署名をして完成です。

魂から成し遂げたいことが炙(あぶ)り出されます。

より効果的なものにするため、遺書を持って先祖の前や寺社に行って誓います。誓いを手に持ち毎朝唱えて下さい。あなたの志が、燃えさかる太陽フレアのように、偉大なエネルギーとして爆発します。

[原則] 7 人を活かす原則

働く人が活かされる、人間中心の会社
人が幸せになる組織を実現せよ

マネジメントカンパニー

■成果を上げるためには、組織の持つパワーを最大化しなければならない。

■働く人の持つエネルギーを爆発させ、解放することが組織の役割である。

■働く人の魂からの成長を考え抜けば、マネジメント（経営）の本質が見えてくる。

マネジメントカンパニーを実現する

マネジメント＝人間中心・人が活かされる・人が幸せになる会社

「人を活かせ！　人を活かせ！　人を活かせ！　人間が幸せになる組織を実現せよ！」

ドラッカーは著書の中で「マネジメントは人にかかわること」と述べています。

参考：P・F・ドラッカー『ドラッカー365の金言』訳：上田惇生　ダイヤモンド社　194ページ　2011年　第9刷

経営においては、なによりもまず人の尊厳（幸せ）を第一に考えよ！　ということです。第二次世界大戦のように、人命が、イデオロギー・経済の犠牲になる社会、ホロコーストのような悲劇を生み出した時代には、決して後戻りすることはあってはなりません。マネジメントリーダーは、すべての中心に人間を置き、人が幸せになる社会を実現する、「現代の真のリーダー」として克己し、組織に高い成果を上げます。マネジメントの真理とは、人を活かし、幸せにする経営です。

この章のコンセプト

人が活かされる、幸せな会社・社会を実現する。

■何を実現するのか?

メンバーの強みを活かし、弱みは打ち消し、卓越した成果を上げる会社になる。

■手順

(1)マネジメントの本質を理解する。
(2)メンバーが強みから卓越する組織を創る。
(3)マネジメントリーダーとして克己する。

■ツール

(1)強みから卓越する人材配置・育成計画表
(2)部下のエネルギーを爆発させるエンパワーメント面談
(3)人が活かされる良い会社　5大原則チェックリスト

マネジメントリーダー(人間(個)の尊厳を守る指導者)の本質

ここまで6つの原則を見てきました。組織に成果をもたらす6つの原則はすべて、原則7の「人が活かされ幸せになる会社・マネジメントカンパニー」のために存在します。

組織は人を幸せにするために存在します。成果を上げ、戦争を防ぎ、幸せな社会を築き、働く人の「魂」を目覚めさせ（立命）、最高の自己実現をさせるものであるべきです。

経済至上主義の中、人間が経営の犠牲になるとしたら、全くのナンセンスです。経営は人の幸せを実現するための「道具」にすぎません。

人間が中心にある経営を実現する。人間の尊厳を守るために経営に徹する。マネジメントリーダーはこの本質を、魂に深く刻むべきです。

経営のすべてを人間中心（人間（個）の尊厳中心）、人の幸せのためには、組織はいかにあるべきか？という本質から考えることが、マネジメントカンパニーの最大の意義です。

マネジメントリーダーのリーダーシップ

リーダーシップとは、権力ではなく、人間を幸せにする責任だと考える時、マネジメントリーダーは働く人を活かし、そして、人が幸せになる世の中を創るという厳格な責任を遂行していきます。

人が活かされ、社会の幸せを実現する会社が、マネジメントカンパニーです。

リーダーとは正しいことを為すものである

リーダーシップとは人気者になるということではありません。組織を正しい方向性に導くもの、即ち、正しいことを為（な）す者です。

では「正しいこと」とはいったい何でしょう。

「正しいこと」とはまさに、組織で人が活かされ、魂から成長ができ、この世における使命を果たせるということです。最高の自己実現ができ、幸せになるということです。

リーダーの2つの責任

リーダーは「人を活かすこと」について、そして「組織が成果を上げること」について厳格な責任を負います。2つの責任と己を常に照らし合わせ、リーダーの人格を練り上げるのです。

「わが社は人を活かしているだろうか。人の創造力を最大に爆発させているだろうか。働く仲間の成果を卓越させているだろうか」と問うて下さい。

マネジメントカンパニーでは、「正しいこと＝人を活かすこと」、をリーダーの中心に据えて、人間中心の経営を実践していきます。

ポイント

自社をいかに、人が活かされ、幸せになるマネジメントカンパニーに進化させるか？

リーダーの2つの責任と自分を、絶えず照らし合わせる（自己観照）。
①働く人を活かす
②組織に成果を上げさせる

チームの本質とは何か？

チームの目的は、人の持つ長所を卓越させて、短所（自分の綻び）はお互いに縫い合わせ、メンバーの人間的な成長を実現することです。

チームに属するのに、長所でなく、短所ばかり叩かれたら、鬱になるだけです。チームの本質は、メンバーの長所を伸ばし、欠点を皆で補っていくこと、だからこそ人がチームに属して働く意味があります。

厳しいビジネスの世界で、成果を上げることができるのは、メンバーの長所を用いて卓越した仕事をするからです。短所はいくら頑張っても、平均点どまりです。平均点では市場に選ばれることはなく、生き残ることは不可能です。

長所を卓越させる経営とは、人（個）の持ち味を認め、活かすという、人間性を重視した経営です。マネジメントカンパニーの中心にあるものは「人間（個）の尊厳」なのです。

> 人を活かすということは、人の長所を活かすということであり、
> 人の欠点を見るということは、人を殺すということです。

長所を発揮して働いてもらうためには、リーダーは長所を把握しなければなりません。長所に集

中し、短所がフォローされる組織をいかに創るかが大切なのです。

ポイント

人間中心の経営では、人の長所に焦点を当て、人を活かすことを考える。
短所はチームでフォローし、補っていく。

部下(人)の強みにのみ焦点を当てよ

組織が成果を上げるためには、メンバーの強みをつなぎ合わせる必要があります。メンバーの弱みはチームで補い合い、無きものとし、個々の強みを卓越させることによって成果の上がる組織が創れます。メンバーの持つ弱みを打ち消し、強みを爆発させることが組織の目的です。

リーダーは部下の強みにのみ焦点を当て、弱みは見るべきではありません。部下の弱みを見るとしたら、成果は上がらないどころか、部下の持ち味(人間性)まで、殺してしまい、人間重視の経営にはなりません。

人の強みを活かすとは、適材適所を行うということです。それぞれの個性を尊重し、同じように扱わないということです。チームの目的は、皆が同じような金太郎あめのように矯正され、平凡なエネルギーを出すことではなく、個々が持つ独自のエネルギーを大爆発させ、卓越した存在へと導くことです。

部下の独自の強みを把握せよ

強みを活かすためには、部下の独自の強みを知る必要があります。

上司面談の目的は、部下の持つ独自の強みを見いだし、成長させ、障害となっているものがあれば取り除き、存分に強みのエネルギーを発揮し、爆発させてもらうことです。メンバーの持つ強みを把握し、強みに集中した人間経営を行うのです。

「強み」に集中することが、非凡な成果をもたらすのです。

弱みの克服ではなく、強みから卓越した存在になる

人が成果を上げるのは、強みによってのみです。弱みは克服することができたとしても、平均レベルに到達することさえ多くの困難を伴います。したがって、成果を上げるためには、強みに集中することにより、卓越するのです。

どのような人でも必ず強みと弱みがあります。企業でも人でも、高い成果を上げるためには、各人の持つ強みをつなぎ合わせる必要があります。

しかし、これを実際の組織の中で行うとなると、実に難しいのです。

私はドラッカー理論をベースとしたマネジメントのコンサルタントで日本一を目指しています。

それは私の強みであり、高い成果を出せる領域だからです。しかし、不得手な分野もあります。それは財務分析に関するアドバイスです。

私はスーパーのつり銭も間違うくらいの結構な数字音痴です。若い頃、飲み会の幹事をした際に、参加者よりもお膳が1つ多いということもよくありました。そういった私がいくら数字分析力を強化して〝財務〟コンサルタントになっても、おそらく平凡レベルまでが精一杯で、多くの企業で高い評価を受けるような財務コンサルタントになることは難しいでしょう。

私は自身の人生の中で、この「弱みの克服に時間を使うより、強みを徹底的に磨き上げて卓越せよ！」というドラッカーの考え方にどれだけ救われたか分かりません。

参考：P・F・ドラッカー『経営者の条件』訳：上田惇生　ダイヤモンド社　１３４ページ　２０１３年　第21刷

強みから卓越する

卓越へ！
220点
150点
100点
80点
平凡　50点
30点
いくら頑張っても平均・平凡レベル ×
弱み（×）
ビジネスでは0点（＝平凡）選ばれない存在

最強のチームとは？

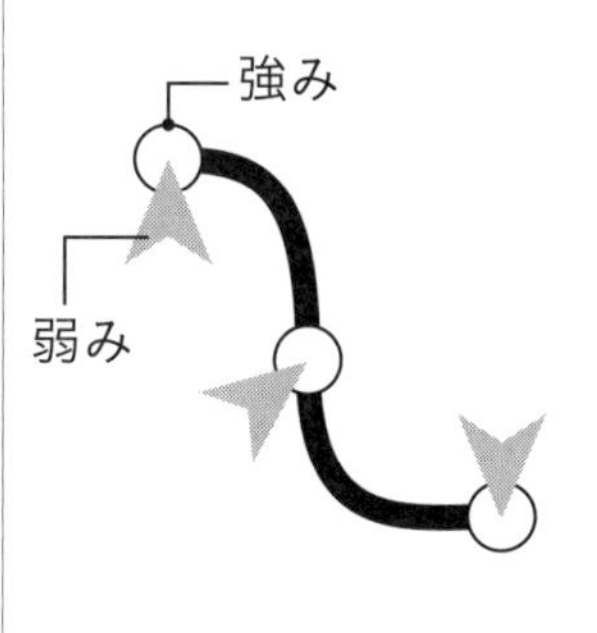

メンバーの強みを結びつけ弱みを打ち消したチーム

弱みを叩いても決して成果は上がらない

先の強みから卓越するという考え方は、実は組織の中では逆の考え方でマネジメントをされている場合が多いのです。例えば、上司がいくら部下の弱みを克服するために働きかけても、部下はそれが重荷になり苦労するだけでなかなか成果は出ません。

ドラッカーは、「部下の弱みを見るものにマネージャーの資格はない」とまで容赦のない言葉で言っています。人間を中心に置く経営から考えれば当然の帰結です。

参考：P・F・ドラッカー『エッセンシャル版　マネジメント』編訳：上田惇生　ダイヤモンド社　147ページ　2013年　第51刷

実際、強みを伸ばすことが重要だと知っていても、現実には多くのマネージャーが弱みの克服ばかり考えてしまいます。その理由はなんでしょうか？　私は学生時代の内申の影響だと考えています。

例えば、自身が高校生で、英語のテストで80点、数学のテストで赤点である30点とったとしたら、次のテストではどちらに力を入れたでしょう。多くの人がまずは赤点をとらないように、数学を頑張ろうと思ったはずです。

これをビジネスに置き換えてみます。自社が苦手な分野で頑張って50点になっても、市場の中では平均・平凡レベルです。この市場で平均・平凡レベルとは、多くの場合、積極的に選ばれない存在なのです。例えば、あなたが「ラーメンを食べたい」と思ったとき、「よし、平凡レベルのラーメン屋に行こう！」と思うでしょうか。これと同じで平均レベルの仕事をするあの会社に仕事を依頼しようとはなかなか思わないのです。

ビジネスでは、苦手分野に労力をかけて積極的に選ばれない平凡な存在になるよりも、強みとなる部分を徹底的に鍛え、１００点を超えるほどの卓越した存在になることが選ばれるということなのです。

ビジネスは常に１００点以上の卓越の領域を狙うべきです。そのためには徹底的に強みに集中するように意識を変えなければいけないのです。

世の中に完璧な人間は一人もいません。だれもが長所（強み）と短所（弱み）を持っています。だからこそ、人間は組織（チーム）を創り、皆の長所（強み）をつなぎ合わせ、弱みを補いあって、卓越した成果を上げるのです。平凡な人が、弱みを気にせずに、強みに集中できるからこそ、卓越した働きができるようになります。それが最強のチームです。

平凡な人が実力以上の活躍ができる組織を創るためには、メンバーの独自の強みを明確にし、強みから卓越させ、弱みをチームで打ち消していきます。

人間中心の経営とは、個としての人を活かす経営です。全社員が大切で「全社員がカリスマ」となるのです。この世に生まれた人で、意味がなく生きている人など一人もいないのですから。

一人一人の持ち味があり、できることは同じではありません。だからこそ人間なのです。できる人とできない人がいるのではなく、できること（個性）が人によって異なるのです。

全員が主人公で、全員が主役・カリスマなのです。全員が素晴らしいのです。

エンパワーメント面談で部下のエネルギーを爆発させる

リーダーの責任は組織の成果を上げ、働く人を活かすことです。働く人を活かすとは、その人(個)の強みを見つけ、爆発させることです。

組織における上司と部下の面談目的は、部下独自の強みを見つけ、それを爆発させることです。そしてその強みを組織の成果に結びつける、つまり部下のエネルギーと組織のエネルギーのベクトルを合体させることです。

上司は部下の強みを爆発させる「エンパワーメント面談」を実施します。エンパワーメントとはメンバーの持つパワーを爆発させることです。

ベクトルを合わせ、部下の強みを爆発させるエンパワーメント面談

エンパワーメント面談をどのような手順で行えばよいのかを詳しく見ていきましょう。

まずは①と②でベクトルを合わせ、③で障害があれば取りはらい、エネルギーを解放・爆発させます。

③は「素晴らしいあなたが活躍する上で、わが社で足かせになっているものはないか?」というイメージです。

①上司が部下に期待している働きを伝える。
(部下の強みを見いだし、その延長にある働きを伝える)
②部下が上司に期待していることは何か聞く。
③部下の強みを爆発させ、成果を出す上で、障害になっているものはないかを聞く。
(障害を取りはらい、エネルギーを解放・爆発させる)

ビジネスのコミュニケーションの一番の課題は「社長と社員」「上司と部下」の見ている方向性の違いにあります。社長が社員に、社員が会社に期待している方向性の違いは、組織の力を半減させます。コミュニケーションには、マーケティングと同じ視点が必要です。つまり相手に理解されて、はじめてそのコミュニケーションが意味を成します。

コミュニケーションがマーケティングだとすると、「相手を理解する。相手が期待することを知る」ことが必要になります。

目標管理面談も同様です。目標管理面談の最大の目的は、上司と部下のベクトル(方向性)を合わせ、目標に向け集中したエネルギーを創り出すことです。目標管理面談においても、リーダーは部下への指導以前に、ベクトルを合わせることを意識して下さい。

最高のリーダーは話すよりも、聴くに徹していた(松下幸之助)

松下幸之助氏ほど、熱心に社員の意見に耳を傾けた経営者はいません。

松下氏は著書の中で「部下の言うことは、我が師の言うことであると考えないといけない」と言います。

参考：松下幸之助『人を活かす12の鉄則』PHP研究所編　PHP研究所　2009年

松下氏は、幼少時の苦労で、小学校しか出ていない経験もあり、いかに他の人から学ぶかという謙虚な視線がより強く備わっていたためです。働く仲間の知恵を集めることこそ経営だと唱え、「衆智経営」を実践された経営者です。

松下氏は、多くの社員を束ねるためには、自分が話すよりも、まず相手を理解することこそ信頼を得る秘訣だと本能で感じていたのでしょう。

部下を活かすためには、全身全霊で受け止め、理解に務めて、はじめて信頼が得られます。真のマネジメント（個を活かすこと）は、部下を理解し、強みを爆発させるにはリーダー・組織はどうあるべきかと考える時に、実現します。聴くことに徹し、エンパワーメント面談を行うことによって、エネルギーが集中します。成果に向け、メンバーのベクトルが1つになってこそ、成果は上がるのです。

ポイント

・リーダーは話すことよりも、部下の意見を聴き、理解することに徹する。
・面談の最大の目的は、部下の強みを見いだすことにある。
（強みでなければ、成果は上がらない）
・エンパワーメント面談で、メンバーの強みを見いだし、組織のベクトルを合わせ、メンバーの持つ強みを爆発させよ！

「強み」からの人材計画表で卓越した成長に導く

企業の最大の財産は「人」です。人以上に大切なものなど、この世に存在しません。マネジメントリーダーの仕事のうち、人の成長に貢献すること以上に尊い仕事はありません。あなたは、リーダーの責任を強く自覚し、メンバーの魂を向上に導いていく存在です。「私は、メンバーを成長に導く、メンバーの精神性（魂）を向上させ、挑戦させ、導く、正しい指導者だ！」と、鏡に自己を映して、力強く何度も唱和して下さい。組織のパワーの源である、人の創造性（エネルギー）を解放するのです。

人材登用でおさえておきたいポイントは３つあります。

①面談で強みを見いだし、強みを最大源活かせる人材配置をする（適材適所）。

人を活かす組織を創る＝強みを活かす人材配置・育成・計画表

①強みに集中、強みをつなぎ合わせる

②強みによってのみ成果が上がる

③面談の目的は強みを見つけること

メンバー	メンバーの持つ強みは	強みに集中し、強みを活かすための配置【適材適所】	強みを伸ばす、継続学習をどのように行うか【学習と成長】	メンバー間の関係性においてどのように強みを活かし弱みを中和するか

②強みを伸ばして成長・卓越させる計画をする（学習と成長）。
③メンバーの人格を磨き、魂から誇りある存在になってもらうことを真摯に考える（人格的成功を実現するリーダーの信念・覚悟）。
あわせて、マネジメントカンパニーの３つのコンセプトを踏まえ、メンバーの創造性を爆発させます。

【マネジメントカンパニーの人財育成・３つのコンセプト】

①人間中心の経営（人間（個）の尊厳を最重視する経営）
企業の価値を創造するのは、働いている人間である。
人間の本質とは、よどみなく成長し、意義のあることに挑戦・進化するエネルギーである。

②組織の本質
人間は生来与えられた独自の個性（強み）を使って卓越した成果を上げる。
組織の役割は、人間の強みを爆発させ、弱みを無きものとすることにある。

③学習する組織・継続学習
組織の勝ち負けは、メンバーの持つ知識の卓越性（学んでいるか、否か）で決まる。

組織は文化によって、自己啓発と継続学習をメンバーに動機づけることにより、強くなる。

働く人に大義を与え、仕事を生産的にする

マネジメントカンパニー（人間の尊厳を実現する経営）とは、人を活かす経営です。組織は働く人が幸せになれる場です。最大の自己実現と、人間として成長できる場でなくてはなりません。

仕事に大義を与え、働く人に最大の自己実現をしてもらうのです。

「大義」とは、やりがいを持って取り組め、仕事を通じて社会に貢献でき、人間として成長できるという意味です。ルーチンだとしても、その仕事を通じて顧客や働く仲間の役に立っている貴い・価値のある仕事であるということを、認識してもらうことが重要です。リーダーであるあなただけが、仕事に大義を与えることができます。

崇高な理念で、日々を特別で尊いものにすることができます。組織に使命を与え、人に誇りある組織のメンバーになってもらうことができるのです。

人は、個の尊厳において、誇りあるものとして社会に存在することを必要とします。リーダーであるあなたは、組織を、メンバーを、誇りあるものとしなければなりません。

テッセイという新幹線の清掃会社がオペレーションの素晴らしさから世界中のメディアで取り上

げられています。清掃の仕事は、学生時代に私もバイトで経験しましたが、空気のように目立たない形で清掃業務を終わらせる地味な仕事です。私の担当は始業前のオフィスを清掃する現場でした。気を遣わない一人現場でしたが、誇りを持ち社会貢献しているという意識はなく、少し縮こまった心で作業をしていました。清掃仕事のすべてがそうとは限りませんが、私はそうでした。

しかし、テッセイ社員の様子は全く違います。お洒落(しゃれ)なアロハシャツを着て、ベレー帽には花びらを挿し、胸を張って多くの視線を浴びながら生き生きと働いています。これは、テッセイの経営陣が、わが社の仕事は単なる清掃ではない。新幹線に乗ってわくわくして旅や出張に出発する人を送り出す価値ある仕事だ。おもてなしをする仕事なのだという仕事の意味付けをし、仕事に大義を与えて実現したのです。仕事をより生産的なもの（意義ある・誇りあるもの）に変えたのです。

人は大義のためならば死ぬこともいとわない生き物です。

そして、リーダーだけがその大義を与えることができるのです。

仕事に崇高な大義を与え、働く者を誇りあるものとし、会社で最高の自己実現をしてもらうのです。

ポイント

リーダーとして、組織メンバーに与える崇高な大義を考え抜く。

人が活かされる良い会社の５大原則チェックリスト・
わが社では人が活かされているか？

	評価	課題は何か？	今後の対策・改善策は？
① メンバーは敬意を持って遇されているか？			
② メンバーの強みは組織に把握され、強みを活かして働ける環境にあるか？			
③ メンバーが貢献していることを会社は知っているか？			
④ メンバーが成長するために必要な教育・支援はあるか？			
⑤ メンバーのエネルギーが爆発するトリガーとなる、リーダーの強烈なミッション・ビジョンが組織に明示されているか？			

参考：エリザベス・H・イーダスハイム著『P.F. ドラッカー――理想企業を求めて』を参考に著者が加筆

人が活かされる良い会社の５大原則チェックリストを用いて、自社で人が活かされているかを確認する

マネジメントカンパニーの究極の目的は、人が活き、幸せになる組織・社会の実現です。組織もリーダーも人を活かし、幸せにするからこそ正当性を持ちます。

あなたの組織では働く人が活かされ、幸福へと向かっていますか？

前ページに掲げた表の「人が活かされる良い会社の５大原則」は、人が活かされるマネジメントカンパニーであるかどうかをチェックするのに最適です。

このマネジメントカンパニーの原則が、人を活かし、人間として正しくビジネスをするため、経営者として生きるための「真の勇気」と在り方をリーダーに教えてくれます。

５つの条件を用いて、マネジメントカンパニーに進化させるための施策を再確認して下さい。

７つの原則を共通言語とし経営マネジメントチームを組織する

中小企業では、社長が経営のみならず・営業・事務的なことまで、一人でこなしている状況があります。７つの原則を実践していく場合に、一人ですべてを遂行することは不可能です。

多岐にわたる経営の仕事を進めていくためには、経営マネジメントチームを組織する必要があります。２、３人からでも結構ですので、幹部とマネジメントチームを構築します。

経営マネジメントチームの選定においては、３つの点に留意します。

①人間として真摯（誠実）であり、組織と働く仲間の成長を心から願っていること
②経営理念・ビジョンへの忠誠（コミット）度が高いこと
③職務分担は、メンバーの持つ弱みをカバーし、メンバーの独自の強みを活かしたリーダーシップを発揮できる配置になっていること

また、経営マネジメントチームは、経営理念の遂行集団として、理念・社長の想（おも）い・将来ビジョン（あるべき未来の姿）を理解し、メンバーに明示し、力強く伝導する必要があります。

組織を正しい方向に導くためには、経験・勘といった無手勝流な経営手法に頼るのではなく、正しい「経営の原理原則」を理解し、組織をマネジメントしていく必要があります。

経営マネジメントチームは、以下の点を学ぶ必要があります。

①経営理念・社長の想い・ビジョン

社長の想い・理念、そして、1年後、5・10年後の組織がどうあるべきか、というビジョンです。社長とともに共有し、強くコミットしていきます。

②経営の原理原則（マーケティング、イノベーション、生産性、リーダーシップ……）

本書の「7つの原則」を使いこなせるように、経営マネジメントチームの「共通言語」として

完全に理解します。

③経営戦略策定・経営計画実行

事業の外部環境・内部環境分析から、何に集中するのかという戦略立案まで、戦略策定の考え方を理解し、経営計画に落とし込み、ＰＤＣＡサイクルを着実に回せるレベルを実現します。

④財務・会社の数字

会社の数字関係に関する知識を理解し把握します。

財務三表（貸借対照表・損益計算書・キャッシュフロー計算書）については、作成できる必要はありません。しかし、自社の財務状況を分析し、将来の投資判断・利益計画等の財務戦略を立てられるレベルの理解は必要です。

推奨する方法は３つです。

①経営マネジメントチームが、「本書・７つの原則」を組織の共通言語として学び、理解する。

②シンプルな戦略立案が可能な「バランススコアカード（１３８ページ）」の４つの視点で戦略策定を行う【バランススコアカードによる戦略立案】。

③月間ＰＤＣＡサイクルで、戦略の効果を測定・改善しつつ、さらに高めていく。

経営の体系的知識がない人でも、この方法をとることで、半年あれば原理原則に沿った〝ぶれない〟経営判断・戦略策定と経営計画実行が可能になります。

現在、経営マネジメントチームがない企業は早急にマネジメントチームを選定し、育成計画を立てる必要があります。組織の勝ち負けは、学んでいるか学んでいないかで決まります。学ぶことによって卓越した経営マネジメントチームを創るのです。

社長の強い想い・理念に感化された経営マネジメントチームが、経営の原理原則を踏まえ、組織を飛躍に向け導くのです。

ポイント

経営マネジメントチームのメンバーを選定し、育成計画を立てる。

最終奥義：立命・克己・行動の章

あなたの
真のリーダーシップに
火を付ける

あなたの真のリーダーのスイッチを起動させよ【克己の章】

ここまでお読み頂き、ドラッカーが教えてくれる「人を活かす経営・7つの原則」への理解は深まったでしょうか。

この原則には最終の奥義があります。原則のみではあなたの会社は変わることはありません。実はセミナーでも話していることなのですが、書籍もセミナーも情報自体には何の価値もないのです。例えば、多くの本を読んでその場では分かった気になっても、半年たって、1年たって何も変わっていないというのはよくあることです。

つまり、情報を知っているだけでは何の効果も生まないのです。

非常に多くの情報があふれる現代では、大切な情報と不要な情報を選別するのが難しい時代になっています。情報が増えて人は幸せになったでしょうか。かえって何を実行していいか迷うような、情報の海に溺れるようなことになってはいないでしょうか。

大切なことですのでもう一度言います。知識は何の効果（果実）も生みだしません。行動こそが、世界を変えるのです。

今すぐ決断して下さい。７つの原則を実行し、現代のリーダーとしての２つの大切な責任（①人を活かす、②組織に成果を上げさせる）を果たすと。

歴史上の偉大な仕事は、全て一人の決断によってスタートしたのです。

あなたの決断の先に世界が創られます。

リーダーの決断が世界を素晴らしいものに変えるのです。

本書のマネジメント学の多くは、敬愛するドラッカーの思想からインスピレーションを得て、私のアート・感性・精神世界の学びをコンサルティングの現場で統合・昇華したものです。

人間中心の経営を説くドラッカーは、現代最高のマネジメントリーダーです。強烈な言葉で、鼓舞し、勇気を与え、教えてくれます。

リーダーに、

　正しいことをしなさい

　人と社会を幸せにしなさい

　もう戦争の起きない、自由で平和な社会を守りなさい

と彼は魂から訴えています。

さあ、現代のマネジメントリーダーとして、立ち上がる時が来たのです。

あなたこそが、あなたの存在こそが、現代社会を平和に向かわせる「真のリーダー」なのです！

【力の言葉】

あなたは組織に成果を上げ、自由で平和な民主主義社会を実現し、人間(個)の尊厳を守る真のリーダーとして生きるのです。

世界をより良きものにするために、さあ行きなさい！

「人を活かす経営・7つの原則の実施手順」

【1】マーケティングカンパニー【現状課題の把握⇓方向性の策定】
マーケティング視点の課題解決【顧客への提供価値の改善→最大化】
アクションプラン：顧客に教わったことノート・マーケティング会議・顧客志向の行動

【2】イノベーションカンパニー【未来への改革・進化】
新事業の機会追求・変革・進化を常とする組織への進化
アクションプラン：廃棄会議・イノベーション発想会議・イノベーションワークシート

【3】プロダクティブカンパニー【成果志向・生産性の最大化】

生産性の高い成果志向の組織へ

アクションプラン：成果集中カード・リーダーの質問・時間記録・価値向上会議

【4】ラーニングカンパニー【学習する組織・成長する組織の風土醸成】

メンバーが自己学習し、成長進化する組織へ

アクションプラン：成功事例発表会・社内勉強会・自己啓発の動機づけ

【5】リーダーシップカンパニー【事業を牽引（けんいん）する組織のリーダーシップ育成】

メンバーのセルフリーダーシップの確立（自尊心の回復）・ビジョナリー・チェンジ・起業家リーダーへの進化

アクションプラン：価値観・ビジョンシートによる社長の決意表明・起業家的リーダーへの考察

【6】ミッショナリーカンパニー【立命する組織・メンバーのコミットメント】

生きがいとなる仕事へ、使命感を持った真のリーダーへの成長

アクションプラン：経営理念・行動指針の策定・本気の遺書を書く

【7】マネジメントカンパニー【究極の目的：ゴール・人（個）が活かされる真の組織の実現】

人が幸せになる会社・人が成長し、最高の自己実現・社会への貢献ができる会社への進化

アクションプラン：強みを活かす人材配置・育成計画表・エンパワーメント面談・人が活かされる会社の５大原則

あとがき

経営コンサルタントとして活動する中で、ドラッカーのマネジメント思想との出会いは、その後の人生を変えてしまうほどの大きな衝撃でした。すべてを「人間の幸せ」から考えるマネジメント思想の虜（とりこ）になり、一生涯かけて成し遂げるべき自己の使命が明確になりました。まさにドラッカーは私を立命させてくれたのです。

私の祖父は自由民主党の政治家でした。私が生まれた時には既に他界していたのですが。第1次鳩山一郎内閣の経済審議政務次官を務め、その後も三木派の議員としていつもぼろ靴をすり減らしながら、民意を汲（く）み、金権政治と戦った気骨のある清貧政治家だったと聞きます。

数年前、祖父の本籍である愛媛県の今治市に行った際に、祖父の秘書を長年つとめた方にお会いする機会がありました。90歳近いのに矍鑠（かくしゃく）とした風貌のその方が、さびしい目をしておっしゃった一言が、今でも忘れられません。

「村瀬君、今の時流・世界の潮流を見ると、わしは日本はまた戦争に向かっている気がする。わしらの孫の世代のころには、また戦争を始めているかもしれないのう」

戦後多くの年月が経ち、戦争を知る世代が少ない現代。不安定さを増す世相の中で、時代はカリスマリーダーやポピュリストを求めはじめています。

今後100年の未来、日本人が経済・イデオロギーのために愚かな戦争を始める可能性がないとは誰も保証できません。特に政治・経済・文化が停滞した時期にこそ注意が必要です。

現代リーダーである経営者・起業家は、このような時代こそ、ドラッカーの人間の尊厳を最重視する経営を学び、戦争を二度と起こさない世の中の砦(とりで)となって活躍していただきたいのです。その願いを込め、ドラッカーが教えてくれた組織に高い成果を上げる原則と、私の実践してきたコンサルティングプログラムを経営のヒントとしてお使いいただきたく本書を執筆しました。

本書がリーダーの指針となり、経営を通じて社会をより良きものにする一助になれば、これ以上にうれしいことはありません。真摯な経営者のあなたと、コンサルティングの支援を通じて、より良い組織を創り、共にリーダーの強い気概を持って、社会に貢献させていただける機会を心より楽しみにしています。

本書の執筆にあたり、これまでお世話になった、すべてのお客様、仕事関係者の方々に深く御礼を申し上げます。特に、小宮コンサルタンツの小宮一慶代表・平井省吾代表、日本経営理念研究所の市川覚峯代表、ホスピタリティバンク研究所の浦郷義郎代表、日本経済人懇話会の神谷光徳会長は、私を育てて下さった大切な恩師です。この場をお借りして、心より御礼申し上げます。

また、本書の刊行にあたり様々にアドバイスをいただきました産業能率大学の坂本清隆氏、サポートいただきましたインプルーブの小山睦男氏、日本成長戦略研究所の中丸秀昭氏、最後に身勝手な私を、寛大な心で見守り育ててくれた私の両親・家族にもこの場で深く御礼を申し上げます。心からの感謝をこめて。

２０１７年12月

経営コンサルタント　村瀬弘介

＜巻末付録＞

ドラッカーが実践できる
経営チェックリストをプレゼント！

ドラッカーが実践できる・解説ブログ

世界の名経営者が実践する原則

感動から分かる！
ドラッカーの最強経営

中小企業経営を飛躍させる

勝利のブログ

日本リーダーシップ・オブ・マネジメント（株）　検索

ドラッカーが分かる・動画チャンネル

経営の神様・ドラッカーが実践できる 解説TV

ドラッカーの伝道師 経営コンサルタント 村瀬弘介

感動から分かる！ドラッカー経営

ドラッカーの本質
経営卓越の鍵とは？

感動から分かる！ドラッカー経営　検索

著者略歴

村瀬　弘介（むらせ　こうすけ）
日本リーダーシップ・オブ・マネジメント株式会社　代表取締役
（日本ドラッカー経営研究会・主宰）

「ドラッカーの７つの原則」で社長の経営判断軸を卓越させ、組織メンバーの持つパワーを爆発させ業界ナンバーワン企業を生み出す、熱血コンサルタント。「７つの原則」を用いて業界No.１を生む。高業績で、人が幸せになる組織を実現する経営コンサルタント。

一橋大学法学部卒業。上場企業で人事採用・教育研修部門を担当後、日本経営理念研究所プロジェクトマネージャーとして日本精神（神道・仏教・武士道）・東洋哲学（中国古典）・人間学を経営に活かすセミナーを多数企画。その後小宮コンサルタンツ・ドラッカー専門コンサルタントを経て独立。「ドラッカーの人を活かす経営・７つの原則」を用いたコンサルティング・講演・研修を行う。コンサルタントと世界標準の音楽家という経歴を活かし、論理だけではなく、感動・魂からドラッカーの精神・実践を伝える独自の講演は「難しかったドラッカーの本質が目から鱗が落ちたように、魂に入ってきた」「実践できる具体策をつかめた」「リーダーの使命、そして事業の使命に目覚めることができた」「自社にドラッカーの考え方が根底から定着した」と非常に評価が高い。

クライアントには、業界ナンバーワン企業を多く持ち、人事・組織・戦略・マーケティング・イノベーション等幅広くコンサルティング活動を行う。ドラッカーから受けた感動と具体的実践手法を用いて、「高い成果を上げ・人が幸せになる企業」を実現するために、日本リーダーシップ・オブ・マネジメント株式会社を立ち上げ、全国にドラッカー経営を普及し、起業家リーダーを通じて自由で平和な社会を守ること（ドラッカーの願い）を事業使命として活動中。

音楽家としては、プロのジャズピアニストとして、MURASE KOU 名義で 20 年以上活動を続ける。自主レーベル（SOULMARINE PRODUCTION）を運営し、ドイツの前衛プロダクションに採用されるなど、アートにも造詣が深い。思想・哲学・感性・精神世界も好きで、出張先では必ず土地の寺社・仏閣に訪れるほどの参拝好きでもある。

日本リーダーシップ・オブ・マネジメント株式会社
〒110-0016　東京都台東区台東 1-9-4 松浦ビル 5F
【電話】03-3833-3620（平日の９時～ 17 時）
【FAX】03-3832-2757
【ＨＰ】https://www.japanleadership.net
【mail】info@japanleadership.net
【ブログ】ドラッカーマネジメント.com

書籍コーディネート：（有）インプルーブ　小山睦男

ドラッカーが教えてくれる
人を活かす経営　7つの原則
〈検印廃止〉

著　者　　村瀬　弘介
発行者　　桃井　克己
発行所　　産業能率大学出版部
東京都世田谷区等々力6-39-15　〒158-8630
（電話）03（6432）2536
（FAX）03（6432）2537
（振替口座）00100-2-112912

2018年　2月28日　初版1刷発行
2020年　10月15日　　3刷発行

印刷所・製本所　日経印刷

（落丁・乱丁本はお取り替えいたします）　ISBN978-4-382-05756-2